Meine hippe Hütte

Meine hippe Hütte

stylish • retro • cool

Jane Field-Lewis

Fotografiert von **Tina Hillier**

Aus dem Englischen
von Claire Roth

KNESEBECK

Inhalt

Einführung

In *Meine hippe Hütte* geht es um die Gestaltung von Orten, an denen man ungestört arbeiten und entspannen, volle Terminkalender vergessen und sich auf Wesentliches konzentrieren kann. Die Hütten in diesem Buch ermöglichen es ihren Besitzern, sich vom Alltag und der damit verbundenen Routine zu lösen.

Individualität, ein alternativer Lebensstil und die Verwirklichung eines eigenen Refugiums waren auch schon Thema meiner beiden Vorgängerbände *Mein wunderbarer Wohnwagen* und *Mein cooler Caravan*. In diesem Band stehen nun Gebäude im Mittelpunkt. Die schönen kleinen, aber wohldurchdachten Hütten auf den folgenden Seiten dienen Künstlern, Schriftstellern, Gärtnern, Musikern, Umweltschützern, Designern oder Handwerkern als Orte der Inspiration, des unabhängigen Denkens, der Kreativität und der Schaffenskraft.

Egal, welche Funktionen die Hütten erfüllen, in jedem der vorgestellten Beispiele sind Atmosphäre und Optik stimmig und inspirierend. Form und Funktion folgen immer einem bestimmten Konzept, sind ein Spiegelbild der Seele dessen, der sie gestaltet hat. Selbst das exzentrische Sammelsurium kleiner Accessoires, die dort in Ehren gehalten werden, weil sich der Besitzer nicht von ihnen trennen konnte, hat etwas Wunderbares.

Es ist die individuelle und unkonventionelle Gestaltung, die diesen Häuschen ihren Charme verleiht. Sie setzten sich hinweg über alle herkömmlichen Regeln, bieten ihren Besitzern genügend Freiraum, um zu experimentieren und neue Ausdrucksmöglichkeiten zu finden. Der individuelle Stil der kleinen Häuschen unterliegt keinerlei Modetrends, sondern orientiert sich ausschließlich an der Persönlichkeit des Individuums, an seinen Wertvorstellungen und Überzeugungen. Denn hat man die Möglichkeit zur freien Gestaltung, folgt man nicht unbedingt der Konvention. Vielmehr schafft man sich sein eigenes, individuelles Umfeld mit oft erfrischenden Designideen und unerwarteten Ergebnissen. Bei der Ausstattung einer Wochenendhütte wird kaum jemand eine komplette Möblierung kaufen, bei der alles perfekt aussieht. Vielmehr geht es um Authentizität und das Vergnügen, dem Raum mit sorgfältig ausgesuchten Möbeln und Objekten Zug um Zug eine persönliche Note zu verleihen. Meist werden alte, anderenorts nicht mehr benötigte Einzelstücke mehr oder weniger sorgfältig aufgearbeitet, finden Gegenstände, über die die Zeit hinweggegangen ist, an denen aber Erinnerungen hängen, dort einen neuen Platz. Es schadet nichts, wenn sie mit neuen, funktionalen und praktischen Gegenständen kombiniert werden. So bekommt der Raum ein persönliches Flair und stellt die Verbindung zu den Erinnerungen eines ganzen Lebens her.

Die neue Ästhetik zeigt sich in allen hier vorgestellten Gartenhäusern, Hütten, Werkstätten und Arbeitsräumen. Von Stil und Status gesetzte Standards treten zurück zugunsten einer individuellen Atmosphäre, die die Interessen und Wertvorstellungen der jeweiligen Persönlichkeit zum Ausdruck bringt.

Unsere Fotografin Tina Hillier und ich waren lange unterwegs, um die Texte und Bilder für dieses Buch zusammenzutragen. Wir sind vielen wundervollen Menschen begegnet, die uns auf unserer Reise ihre privaten Refugien gezeigt haben. Ihnen allen gilt unser Dank. Wir durften eine Vielzahl idyllischer Bauten besichtigen, von denen manche weltberühmt sind, einige extravagant, andere bescheiden und schlicht. Wir haben es als Glück und Auszeichnung empfunden, einen Blick in all diese privaten Welten werfen zu dürfen.

Beachtenswert sind hier nicht nur die gestalterischen Konzepte, sondern auch die besonderen Eigenarten des jeweiligen Raums. Blättern Sie durch diese Seiten voll charmanter Hütten und lassen Sie sich inspirieren. Vielleicht legen Sie sich selbst ein Gartenhäuschen zu, in dem Sie arbeiten und entspannen können, vielleicht verändern Sie mit einem Strandhaus am Meer sogar Ihr ganzes bisheriges Leben.

Wer würde sich nicht ein solches Häuschen wünschen? Es gibt wohl kaum eine einfachere, günstigere Art, seine Träume zu verwirklichen. Und die Gestaltung eines inspirierenden Raums – sei es am Meer, in abgeschiedener Natur oder im eigenen Garten – muss kein Traum bleiben. Die Besitzer der hier vorgestellten Hütten haben es uns bereits vorgemacht.

Künstler

Viele Künstler zieht es in kleine Räume, in denen sie sich intensiv ihrer Arbeit widmen können – frei und fernab von den Ablenkungen des Alltags. Um sich ganz auf den kreativen Prozess konzentrieren zu können, ziehen sich manche bewusst in einsame Gefilde zurück, andere lassen sich lieber vom Gedankenaustausch in einer Künstlergemeinschaft inspirieren.

Die Hütten, die im folgenden Kapitel vorgestellt werden, sind in Art und Bauweise sehr unterschiedlich. Aber sie alle dienen Künstlern als Ateliers. Dabei spielt naturgemäß die Qualität des Lichts eine besondere Rolle. Interessant sind hier die verschiedenen Raumkonzepte, mit denen die natürliche und künstliche Beleuchtung verbessert und an die Bedürfnisse der jeweiligen Besitzer angepasst wurde. Ein weiteres gemeinsames Thema ist die Aufbewahrung von Werkzeugen, die ein Künstler schnell und bequem zur Hand haben möchte. Da der Platz in den kleinen Hütten oft begrenzt ist, wurde manchmal zu raffinierten Lösungen gegriffen.

Für alle Künstler ist ihre kreative Arbeitsumgebung sehr wichtig. Oft sind die Arbeitsräume genauso persönlich und einzigartig wie ihre Kunst: So wurde ein umgebauter Luftschutzbunker zu einem lebendigen Stück Kriegsgeschichte, ein speziell auf den Künstler zugeschnittenes Meeresatelier trotzt am Ende eines Piers am Atlantik den Gezeiten, und Gartenateliers bieten die Möglichkeit, mitten im Grünen zu arbeiten.

Die Bunker-Malwerkstatt

Dank Ian Lettice hat ein ganz besonderes Baurelikt der jüngeren Geschichte eine neue Verwendung als Künstleratelier gefunden. Als dieser einmal mit seinen Kindern in Putney in Südwest-London auf Entdeckertour ging, stieß er auf einen verlassenen Luftschutzbunker. Neugierig riss er ein paar aufgenagelte Bretter von der ramponierten Tür und verschaffte sich Zutritt. Der Raum war düster und feucht. Spinnennetze hingen wie »Zuckerwattefäden« an Decken und Wänden. Der Bunker war 1940 zum Schutz vor deutschen Bomben gebaut worden. Am Ende des Zweiten Weltkriegs wurde er zugenagelt und geriet in Vergessenheit, bis Ian fünfzig Jahre später auf die Idee kam, ihn als Atelier zu nutzen.

Ian hält alte Industriegebäude auch heute noch für durchaus nützlich, wenn sie entsprechend einfallsreich umgebaut werden. Der Bunker, ein niedriger Kasten mit Flachdach und dicken, massiven Wänden, hatte keine Fenster und damit kein natürliches Licht. Doch mit Fantasie, Findigkeit und einer behutsamen Renovierung verwandelte Ian ihn trotz aller Hindernisse bald in einen einzigartigen Arbeitsplatz.

Die dicken Wände hatten früher Bomben standgehalten. Dort Öffnungen für Fenster hineinzubrechen, war nicht leicht, doch gegen Ians Meißelhammer hatten sie auf Dauer keine Chance. Ian renovierte den Bunker ausschließlich mit wiederverwerteten Materialen und blieb beim Design dem schlichten Industrie-Stil treu. Die Bretter für den Holzboden stammen vom Sperrmüll in Fulham, die Fensterrahmen sind aus Bodenbalken gebaut, die er in einer Lagerhalle in Wandsworth aufgetan hat. Die Regale wurden aus der kleinen Trennwand gebaut, die im Bunker vorhanden war, und die kleine Küchenzeile aus einem alten Arbeitstisch gefertigt.

Und die harte Arbeit hat sich gelohnt. Ian hat nun ein funktionales, schlichtes Atelier, unaufdringlich und authentisch, in dem er jene Freiheit und Einsamkeit findet, die er als bildender Künstler braucht.

A·R·P
SAFETY WALK
BUTTONS
6d

Stil

Aus einem ehemals kargen, dunklen Bunker ist ein unerwartet helles, gemütliches Atelier entstanden. Ian hat sorgfältig Fensteröffnungen in den oberen Teil der Südwand geschnitten, um das Gebäude mit natürlichem Licht zu fluten. Die Eichenholzbretter der Stockbetten, die ursprünglich im Bunker standen, hat er aufgearbeitet und mit ihnen die Wände getäfelt.

Die Werkstatt wirkt gepflegt und ordentlich. Sie scheint den Wert und die Beständigkeit eines soliden Gebäudes unterstreichen zu wollen. Die Wände sind in neutralen Farben gestrichen und wirken dadurch wie eine weiße Leinwand für Ians Gemälde. An den Wänden sind schmale Leisten angebracht, auf denen seine Flusslandschaften und Stillleben stehen. Gemeinsam mit Artefakten aus der Kriegszeit wie Gasmasken und Stahlhelm schmücken sie dezent diesen interessanten Raum. Der Primuskocher, die modernen Chromtassen und die alte Keksdose in der Küche sorgen für eine natürliche, heimelige Atmosphäre.

Der Eingangsbereich wurde in seinem beschädigten Zustand belassen und verweist so auf die militärische Historie des Gebäudes. Nur dort wird die Beklemmung spürbar, die den Betrachter beim Blick in die Vergangenheit dieses Gebäudes unwillkürlich beschleicht.

Die Glaswerkstatt im Grünen

Wendy Newhofer, Gewinnerin des Mary Moser Prize 2010, geht in einem bezaubernden Gartenatelier einem besonderen Kunsthandwerk nach. Die frühere Grundschullehrerin entdeckte durch eine Anzeige in der Lokalzeitung ihre Leidenschaft für die Glasschmelzerei. Bei dieser Kunstform werden Edelmetalle – Leitungsdraht und Feinkupfer, Aluminium und Blattsilber – zwischen zwei Glasplatten gepresst und im Ofen gebrannt. Durch die Hitze schmelzen die Metalle in zarte, raffinierte Anordnungen und formen schließlich das Bild.

Wendy liebt ihre Glaswerkstatt und beschreibt sie als »märchenhaften Ort«, der ihre Arbeit inspiriert und prägt. Ihre Kreativität wird hier angeregt von detailgetreuen botanischen Zeichnungen und eigenen Naturstudien von Pflanzen und Insekten im Garten. Die Farbzeichnungen von Stillleben aus Flaschen, Faltern, Motten und Fruchtständen überträgt sie dann auf Glasplatten und Schüsseln.

Als erste Werkstatt diente Wendy ein Kohlenbunker zwischen Keller und Vordertreppe ihres Hauses in Oxford. Doch als ihre Mutter starb und ihr etwas Geld hinterließ, beschloss Wendy, deren Liebe zum Gärtnern durch den Bau dieser Gartenwerkstatt ein Denkmal zu setzen. Wendys Mutter wäre auf die künstlerische Entwicklung ihrer Tochter sicher stolz gewesen und die Werkstatt ist nun ihr Vermächtnis.

Ursprünglich war diese Hütte ein ganz normales Gartenhaus von der Stange. Doch Wendy schnitt es auf ihre Bedürfnisse zu, indem sie zusätzliche Fenster einbaute und die Wand zur Gartenseite durch eine Glasfront ersetzte. Trotzdem bleibt im Inneren noch genügend Stauraum für Gartenwerkzeuge und sogar Fahrräder. Die Werkstatt hat Wendys Leben und Arbeit verändert und ist sowohl vom künstlerischen als auch vom persönlichen Aspekt her perfekt für sie.

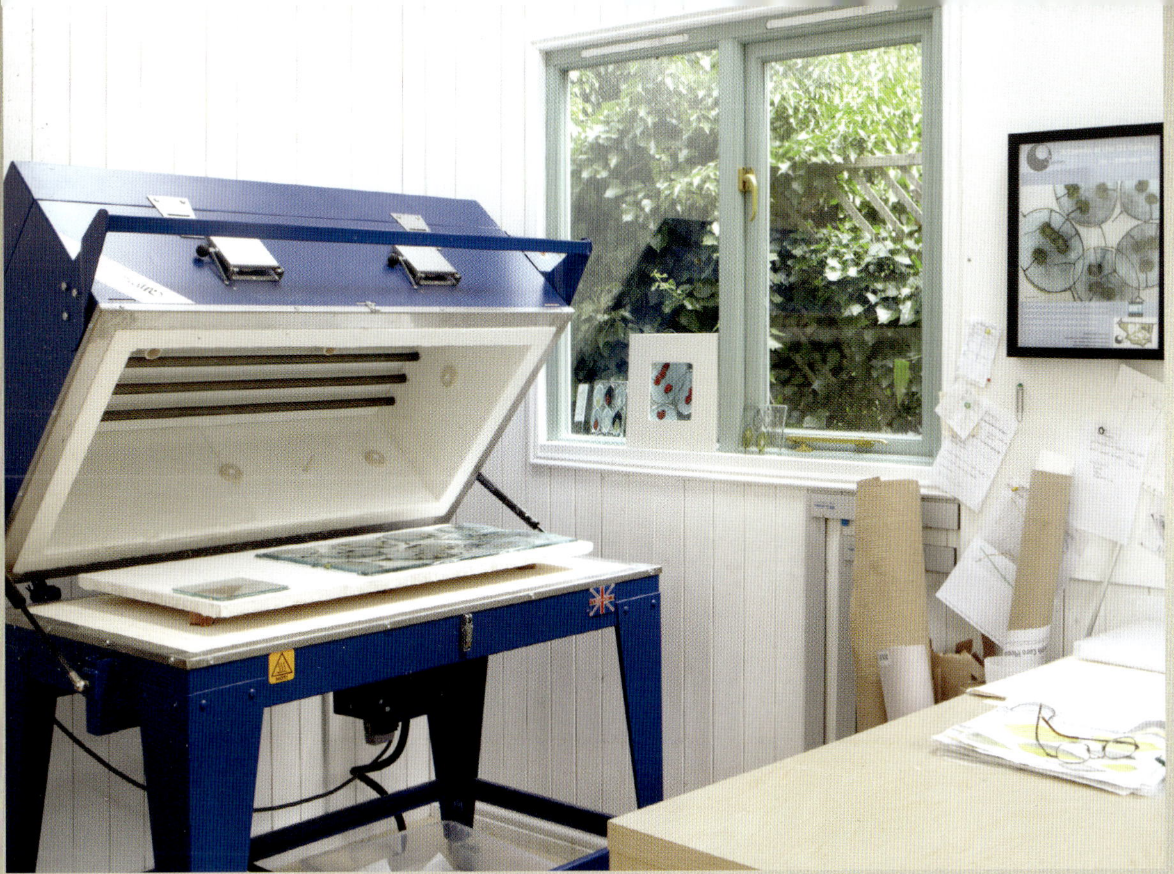

Stil

Bei der Gestaltung des Häuschens war ausschlaggebend, dass der große Brennofen seinen Platz finden würde. Um ihre Kreativität entfalten zu können, braucht Wendy außerdem einen Arbeitsplatz, der sie von den Ablenkungen des Alltags abschottet und viel Licht einlässt. Dieser saubere, helle Raum wird allen Anforderungen gerecht. Er ist geräumig, lichtdurchflutet und verbindet die Werkstatt durch eine Fensterfront mit dem Garten.

Die neutral weißgetünchten Bretterwände eignen sich wunderbar als Präsentationsflächen für Wendys Werke. So dient das Häuschen zusätzlich als Ausstellungsraum, in dem Wendy an »Open Studio«-Events ihrer Künstlergemeinde teilnehmen kann – die perfekte Mischung aus kreativem Atelier und Galerie. Teilfertige Arbeiten sowie eine Vielfalt an Pinseln, Zeichenmaterialien und inspirierendem Zierrat sind liebevoll auf den Regalen verteilt und an die Fensterscheiben gelehnt. Wendy benutzt sie als Hilfsmittel, wenn sie die an dem großen Tisch angefertigten Zeichnungen dann auf die Edelmetall-Designs zwischen den Glasplatten überträgt.

Künstlergartenhaus auf Lebenszeit

Der Buchillustrator und Autor Ted Dewan arbeitet in einem kleinen Haus in seinem Garten in Oxford. Doch ein normales Gartenhäuschen ist das nicht. Es gehörte früher seinem Freund Phillip Pullman, dem Autor der »His Dark Materials«-Trilogie, der es ihm nur unter der Bedingung überließ, dass er einer ungewöhnlichen Vertragsklausel zustimmte. Der zufolge darf das Holzhaus ausschließlich für kreative Zwecke genutzt werden und muss so lange an Künstler oder Musiker weitergegeben werden, bis es »zu Staub geworden ist«. Eine Kopie dieses Vertrages hängt an der Wand.

2003 wurde das Häuschen in Pullmans Garten abgebaut und in Teds Grundstück aufgestellt. Ted ließ die Wände und die rosafarbene Tapete mit den hübschen kleinen Rosenzweigen unverändert, nahm aber einige behutsame Anpassungen vor. Da er für seine Arbeit gutes natürliches Licht braucht, baute er zwei Dachluken ein. Dazu verwendete er Fenster, die bei einer Firma im Ort reklamiert worden waren. Außerdem positionierte er verspiegelte Schranktüren so geschickt, dass sie das Licht reflektieren und den Raum heller machen.

Das Holzhaus hat sich langsam über die Jahre fast wie ein Lebewesen weiterentwickelt. Hinter jeder Veränderung steckt eine Absicht, und jede Eigenheit hat ihre Bedeutung. Dazu bedarf es einer flexiblen Bauweise, die eine langsame Entwicklung zulässt, sodass nicht alles sofort bis ins kleinste Detail geplant werden muss.

Obwohl es im Winter kalt wird, kommt eine moderne Heizung für Ted nicht in Frage. Er arbeitet lieber in Halbfinger-Handschuhen und gefütterter Jacke. So fühlt er sich wie ein »echter Künstler«, »der sich keine Heizung leisten kann«. Das Holzhaus ist als kreative, technikfreie Zone für Ted ein regelrechter »Zauberkasten«. Er sammelt außerdem mit Vorliebe ausrangierte skurrile Gegenstände, sodass man das Häuschen gut auch als Raritätenkabinett bezeichnen könnte.

Stil

An diesem Ort regiert der künstlerische Freigeist. Das Holzhaus steht auf einem, wie Ted zu sagen pflegt, »begrünten Schrottplatz« inmitten ausrangierter Alltagsgegenstände, die als Gartenskulpturen wiederverwendet werden. Ein unscheinbarer grauer Aktenschrank, der einst ein Büro zierte, steht jetzt hier im Garten und dient Ted als Werkzeugschrank.

Im Innenraum steht ein alter Optikerschrank mit Gelenkarmen, der Teds Interesse schon vor Jahren geweckt hatte. Als er ihn zum ersten Mal sah, meinte er grinsend zu dem Optiker: »Wenn Sie das Ding mal loswerden wollen ...«, und nun dient der cremefarben emaillierte, professionell aussehende Gestellschrank als fahrbarer, mehrarmiger Halter für Stifte, Tuschen und Lampen. So hat er an seinem Zeichentisch die Arbeitsutensilien immer griffbereit und muss sie nur zu sich heranziehen – eine wirklich geniale Lösung, wenn der Arbeitsbereich klein ist. Müsste er jedes Mal aufstehen und alles suchen, würde er nur in seiner Konzentration gestört.

In diesem ganz persönlich gestalteten Raum werden vielerlei Dinge geschickt einer völlig neuen Verwendung zugeführt. So dient ein altes Reagenzglasgestell aus einem Schullabor als Stifthalter.

Die Wände im Künstlerhaus sind geradezu gepflastert mit kleinen Erinnerungsstücken und bestickten Wimpeln von amerikanischen Sommercamps, in denen Ted als Kind gewesen ist. Da er früher außerdem Organist war, hat er eine Reihe flacher Schubladen mit Orgelregistern beschriftet, wobei der Ton jeweils zum Inhalt der Schublade passt. Und über dem Sammelsurium wacht Fran, ein ausgestopfter Fuchs, als wäre alles sein Besitz.

Diese exzentrische Sammlung an persönlichen Schätzen hat etwas wohltuend Bescheidenes, die unkonventionelle Zusammenstellung skurriler Objekte zeugt von dem hier herrschenden Frohsinn. Man merkt, dass hier ein Künstler arbeitet, der das Unerwartete – ganz im Sinne von Terry Gilliam – mit Fantasie und Erfindungsreichtum präsentiert. Diese Hütte ist ein echter Glücksfall für Künstler und atmet nach wie vor den kreativen Geist, der per Vertrag besiegelt wurde.

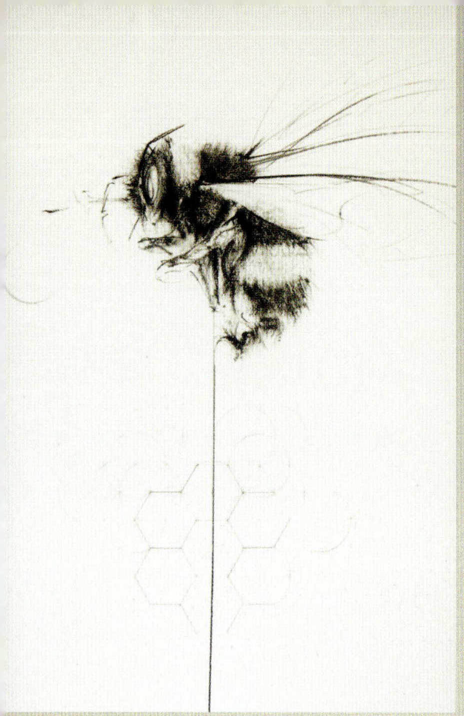

Das Insekten-Gartenatelier

In ihrem Gartenatelier in Nordlondon kann sich Jessica Albarn nach Herzenslust ihrer lebenslangen Leidenschaft für die Natur und die Welt der Insekten nachgeben. Vor allem Spinnen und andere langbeinige Krabbeltiere haben es ihr angetan. Das Atelier der Illustratorin und Autorin ist eine Huldigung der kleinen Kreaturen dieser Welt und wirkt selbst wie ein lebender Organismus. In dieser Kreativlaube sind sogar Spinnweben gern gesehen, und das Insektenreich darf sich ausbreiten.

Jessica empfindet es als großes Glück, das Atelier nutzen zu können, und bezeichnet es sogar als »Lebensretter«. Hier kann sie ihre komplexen Kunstwerke herstellen, während die Kinder in der Schule sind, ohne ihre Zeit mit langen Fahrten zu verschwenden. Ihr Exschwiegervater hat den Schuppen für sie aus günstigem Bauholz, alten Türen und ausgemusterten Eichendielen gebaut. Der Rest wurde »irgendwie zusammengeschustert«. Aber für Jessica, die im Herzen ein Mädchen vom Land geblieben ist, erfüllt das Ganze seinen Zweck hervorragend. »Ich lebe in der Stadt und habe nur einen kleinen Garten, wenn auch einen ziemlich wilden. Da kann alles langsam und in Ruhe seinen Platz finden.«

Kreatives Arbeiten ist ein geheimnisvoller Prozess, und manchmal bringen Zeit und Zurückgezogenheit die Ideen und Energien erst richtig zum Fließen. In ihrem bezaubernden Gartenatelier kann sich die Künstlerin von der Natur inspirieren lassen. Es gibt ihr die Möglichkeit, der Natur nah zu sein – ein persönliches Refugium, in dem sie in Ruhe über Projekte nachdenken und ihrer Kreativität freien Lauf lassen kann.

Der Charme dieses Ateliers resultiert wesentlich aus seinem provisorischen Charakter. Der Raum ist nicht stylish, bietet aber gutes Licht und liefert interessante Motive in Hülle und Fülle. Kunstwerke, die noch am Entstehen sind, werden an die Wände gepinnt, während fertige Stücke bereits hübsch verpackt und beschriftet auf ihren Versand in die Galerie warten.

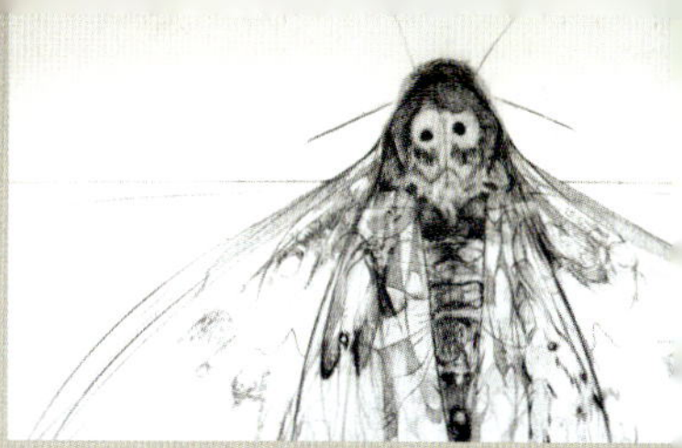

Stil

Spinnen, Fliegen, Bienen und Schmetterlinge – die Insektenwelt in all ihrer Pracht ist Sujet von Jessicas wundervoll detailreichen Bleistiftzeichnungen, die von den Naturstudien Leonardo da Vincis und Francis Bacons inspiriert sind. Das Atelier ist ein kleines Universum für sich, ein regelrechter Mikrokosmos. Durch die großen Fenster dringt das Licht von draußen herein, während drinnen kleine Kreaturen ihre aufwändigen Netze spinnen. Spinnen richten sich hier in den dunklen Ecken und Winkeln ihr Zuhause ein und werden zu Modellen der Künstlerin.

Tote und lebende Wesen werden in Jessicas Atelier gleichermaßen geehrt. Es gibt eine Sammlung von Schädeln und Tierknochen zu bestaunen, Insektenpräparate, die Freunde gestiftet haben, werden liebevoll in übersichtlich abgeteilten Klarsichtbehältern aufbewahrt, Bienen in kleinen Glasschalen warten darauf, in einem Gemälde oder einer Buchillustration in den Mittelpunkt zu rücken. Jessica pflegt und schätzt all diese Kreaturen. Um die feinen Details ihrer Körper besser erforschen und festhalten zu können, benutzt sie spezielle Vergrößerungsgläser.

Das Atelier wurde nicht gezielt dekoriert. Es ist ein angenehmer Arbeitsplatz, der sich langsam und stetig entwickelt hat. Ein nur in Naturtönen gehaltener Raum kann leicht flach und trist wirken. In Wendys Atelier jedoch durchbrechen sparsame Farbtupfer die eintönige Palette. Das Gelb der Schmetterlinge oder ein Fleck Pink auf dem Regal leuchten aus der Tiefe des Raumes und verleihen ihm Atmosphäre.

Betrachtet man alles genauer, stellt man fest, dass sich die feine Textur der alternden Tierschädel auch in Jessicas zarten Bleistiftzeichnungen an der Wand wiederfindet. Durch die feinen, an anderer Stelle wiederaufgenommenen Nuancen entsteht ein Kontext, der scheinbar ungleiche Objekte miteinander in Beziehung setzt.

Die kalifornische Künstlerwerkstatt

Ann Fields stilvolles Atelier schmückt einen Garten, der von der Mojave-Wüste und der Arbeit kalifornischer Landschaftsarchitekten wie Jay Griffith inspiriert ist. Der unverkennbar kalifornisch geprägte Bau hat sich gut gehalten. Nach zwanzig Jahren, in denen er sich Anns wachsenden beruflichen Anforderungen angepasst hat, wirkt er immer noch frisch, und die Besitzerin ist heute noch glücklich mit dem Designkonzept.

Bei genauem Hinsehen erkennt man noch, dass das Atelier einst aus einer Garage entstanden ist. Da die Bauvorschriften verlangen, dass der Raum bei Bedarf leicht in eine Garage zurückverwandelt werden kann, musste die Auffahrt erhalten bleiben. Auch die Öffnung für das Rolltor durfte nicht verändert werden. Daher wurde anstelle des Rolltors einfach ein großes Flachglasfenster eingesetzt. Zusätzlich wurden eine Glastür und eine Dachluke eingebaut, um möglichst viel natürliches Licht einzulassen. Die Holzwände wurden mit Gipsplatten verkleidet und weiß gestrichen, und der Architekt entwarf Stauräume und Arbeitstische, um eine im Ganzen stimmige Erscheinung zu gewährleisten.

Für Ann ist ihr Atelier »ein sich ständig erneuernder Ort für ihre Lieblingsutensilien und eine inspirierende Kunstgalerie«. Im Laufe der Jahre entwickelte sich aus dem reinen Malatelier voller Farben, Pastellkreiden, Leinwände und Staffeleien nach und nach ein multifunktionaler Raum, in den mittlerweile auch die digitale Welt Einzug gehalten hat. Die ehemalige Garage dient heute als Atelier, Büro und Galerie in einem. Und außerhalb der Arbeitszeiten kann Ann an dem großen Arbeitstisch mit Freunden in gemütlicher Runde zusammensitzen.

Stil

Den Umbau ließ Ann von einem ortsansässigen Architekturbüro durchführen. Farblich wurden zwischen Werkstatt und Garten Verbindungen geschaffen. Draußen gibt es hauptsächlich Grünpflanzen, Sukkulenten und Bäume. Die einzigen Farbtupfer stammen von klassischen kalifornischen Blumensorten wie beispielsweise der Strelitzie und diese natürlichen Farben der Umgebung wurden in der Werkstatt wieder aufgenommen. So ist zum Beispiel die Vordertür in demselben Gelb gehalten wie der Flachs, der im Garten wächst. Das ganzheitliche Farbkonzept setzt sich bis zu den orangenen Sitzpolstern der Terrassenstühle fort. Dadurch verbinden sich Innen und Außen zu einem nahtlosen Ganzen, und es entsteht eine ruhige, harmonische Atmosphäre.

Im Inneren der Werkstatt wurden schlichte und neutrale Farben und Materialien verwendet, bevorzugt Weiß und Grau, Beton, Sisal und Holz. So hat Ann die Möglichkeit, die Farben ihrer Kunst frei zu wählen und zum jeweiligen Projekt passend einzusetzen.

Auch räumlich stehen Atelier und Garten miteinander in Bezug. Das hintere Fenster öffnet den Raum zu dem kleineren, beschaulichen Bereich des Gartens mit dem Springbrunnen hin, das große Flachglasfenster verbindet Ann nach vorne hin mit der Straße und der Alltagswelt draußen. So kann Ann von ihrer Werkstatt aus ihren Hund beobachten, wie er mit einem Ball spielt oder Vögel und Eichhörnchen verbellt, die in den umstehenden Bäumen sitzen.

Außen wurde die Rückwand des Ateliers mit breiten, vertikalen Farbstreifen gestrichen, die dem Ganzen einen fröhlichen Charakter verleihen.

Wer von Anfang an sorgfältig plant, auf Qualität achtet und einen zeitlosen Stil anstrebt, wird zu einem befriedigenden Ergebnis kommen, so wie hier: ein gut designter Raum, der optimal auf die persönlichen Bedürfnisse seines Nutzers zugeschnitten ist.

Ann hat sich über die Innenausstattung ihres Ateliers viele Gedanken gemacht und war sehr sorgfältig und anspruchsvoll bei der Auswahl der Möbel und Dekoration. »Da der Raum so klein ist, rückt alles in den Fokus. Um die Harmonie zu wahren, muss man alle Elemente aufeinander abstimmen.« Auf dem großen Tisch in der Mitte kann Ann diverse Fachbücher und Bilder ausbreiten und findet gleichzeitig noch genügend Platz zum Arbeiten.

Barbara Hepworths Bildhauerwerkstatt

Zu Barbara Hepworths berühmtem Skulpturengarten in St. Ives gehören mehrere Gebäude, darunter ihr Atelier, ihre Gipswerkstatt, ihr Gewächshaus und ein kleines, schlichtes, weiß gestrichenes Sommerhäuschen, in dem sie immer ihr Nachmittagsschläfchen hielt. Hepworth kam 1939 an diesen wilden Teil der kornischen Küste, nachdem sie zu Beginn des Zweiten Weltkriegs aus London geflohen war. Doch es dauerte noch zehn Jahre, bis sie das Trewyn Studio erstand, über das sie selbst sagte: »Das zu finden, war wie ein Wunder. Hier gab es ein Atelier, einen Hof und einen Garten, in dem ich unter freiem Himmel arbeiten konnte.«

Im Lauf der nächsten 25 Jahre erwarb Hepworth nach und nach auch die angrenzenden Grundstücke und vergrößerte den Garten und das Atelier. 1957 wurde ein großer Schuppen mit Pultdach zur Werkstatt umgebaut.

1980, fünf Jahre nach Hepworths Tod, wurde das Trewyn Studio der Öffentlichkeit zugänglich gemacht. In ihrem Testament hatte die Künstlerin verfügt, dass das Atelier nach ihrem Tod unverändert bleiben sollte. Das galt auch für die Werke, an denen sie gerade arbeitete. Die Overalls der Künstlerin hängen noch genau so in der weiß verputzten, hellen Werkstatt, wie sie sie hinterlassen hat, inmitten unfertiger Arbeiten. Der Kalender ist immer noch beim 20. Mai aufgeschlagen, auf handschriftlichen Notizen steht, wo bestimmte Werkzeuge nach Gebrauch zu verstauen waren. Einige sind mit rotem Klebeband versehen, was bedeutet, dass ausschließlich Hepworth selbst sie benutzen durfte.

Vor dem Atelier steht ein Drehtisch, auf dem die Künstlerin größere Skulpturen schuf. Auf dem nicht weit entfernten sogenannten »Friedhof« warten heute noch Steinblöcke, die an Grabsteine erinnern, geduldig auf ihren großen Augenblick. Im Hauptgarten stehen einige von Hepworths charakteristischen Bronzeskulpturen. Die subtropischen Pflanzen im Garten wählte die Künstlerin zu Lebzeiten nach Blattform, Größe und Wuchs aus, damit sie die Skulpturen entsprechend ergänzen.

Stil

In dieser anregenden Umgebung entstanden bedeutende Skulpturen der Moderne. Dennoch wirkt das Anwesen erfrischend unprätentiös. Ungeachtet ihrer kulturellen Bedeutung herrscht in Hepworths Ateliers eine wundervoll ruhige Atmosphäre. Eingetaucht in das berühmte klare Licht von St. Ives wirkt es wie ein kleines Stück vom Himmel.

Hepworth ging bei ihrer Arbeit gerne intuitiv vor und ließ sich bei der Form ihrer Skulpturen von Beschaffenheit und Charakter des Materials leiten. Für den »kreativen Fluss« musste sie sich in Harmonie mit der Umgebung befinden, und diesen Zustand vermochten Werkstätten und Gärten sicher zu fördern. Selbst wenn man keine Begabung oder Ausbildung zum Bildhauer hat, wirkt das Arsenal so inspirierend, dass man am liebsten gleich selbst anfangen möchte.

Dem Auge eines Bildhauers entgeht nichts. Er achtet auf jedes kleine Detail in seiner Umgebung, und so finden sich die organischen Formen der Skulpturen auch in den schönen Möbeln und Pflanzen wieder. Die organische Form der langen, sich brechenden Welle der Skulptur »Sea Form

(Porthmeor) 1958« zum Beispiel, die im Gewächshaus steht, wiederholt sich in dem mit Bedacht dort platzierten Bertoia-Diamond-Drahtstuhl, dessen grauer Polsterbezug die Beziehung noch unterstreicht. Bertoia war selbst Künstler und Bildhauer, bevor er sich einen Namen als Möbeldesigner machte. Auf ähnliche Weise stehen in dem weiß getünchten Sommerhaus Bett und Stuhl in ihrer schlichten Farbe und Gestalt in Beziehung zu den weißen Steinbrocken, die draußen geduldig darauf warten, bearbeitet zu werden.

In den letzten Jahren ging der Trend dahin, Räume ganz in Weiß zu halten, was aber leicht steril und langweilig wirken kann. Hepworths Atelier zeigt, wie es gelingen kann, einen weißen Raum angenehm und anregend zu gestalten. Hier kommen verschiedene Töne von Kalkweiß zur Verwendung, dazu eine Reihe unterschiedlicher Materialoberflächen. Der Materialmix aus getünchter Steinwand, glattem Spiegelglas und schlichten Holzleisten macht den Raum einladend und gemütlich.

Das Atelier über dem Meer

Am Ende eines Privatstegs über einem Kiesstrand ragt das grandiose Atelier des berühmten französischen Künstlers Richard Texier aufs Meer hinaus. Dieser Teil der Atlantikküste wird oft von heftigen Stürmen heimgesucht, durch die das Atelier bereits dreimal zerstört wurde. Doch Richard nimmt dieses harte Los gelassen und gut gelaunt hin. Der heulende Wind und der peitschende Regen, der gegen die Bullaugen trommelt, machen ihm nichts mehr aus. Das Atelier wurde immer wieder neu aufgebaut und jedes Mal noch besser konzipiert und gestaltet. Richard lernt aus seinen Fehlern.

Das zwölf Quadratmeter kleine Häuschen ist ähnlich wie ein Boot robust, wasserdicht und präzise gebaut, das Ergebnis hoher Handwerkskunst. Alles wurde so konzipiert, dass es dem Wasser standhält, ohne sich zu verziehen: stabil, solide und durch und durch zweckmäßig. Richard hat für den Wiederaufbau die robustesten Materialien verwendet, die er auftreiben konnte, darunter Azobeholz, das von Natur aus wetterfest ist.

Er beschreibt sein einzigartiges Häuschen als »Atelier, Fischerhütte, Heim und Zufluchtsort«. Es ist ein meditativer, inspirierender Ort, an dem er schreiben, malen, zeichnen oder einfach die Ruhe genießen und seine Gedanken ordnen kann. Die schlichte, gut strukturierte Umgebung hilft ihm dabei. Der Raum ist gemütlich, aber nicht luxuriös, und alles darin hat seinen festen Platz. Er ist minimalistisch und entspricht damit genau Richards Bedürfnissen. Er schätzt die Einfachheit und Einsamkeit, die dieser Ort in sein Leben bringt, der so weit entfernt ist von seinem Hauptwohnsitz in Paris.

Der Weg zum Atelier führt durch ein rundes, chinesisch anmutendes Tor, dessen Durchschreiten Richard als »symbolische Erfahrung« bezeichnet. Wenn man hindurchgeht, lässt man sein ganzes emotionales Gepäck hinter sich und betritt gelassen das friedvolle Ambiente.

1999 / 2005
RICHARD TEXIER

Stil

Das Innere dieses einmaligen Ateliers ist so proper und ordentlich wie ein gut geführtes Schiff. Die Innenausstattung erinnert daran, dass man bereits auf See ist, wenn auch noch durch einen Steg verbunden mit dem Land. Die Farben des Ateliers ändern sich nicht, der Außenanstrich war schon immer blau, drinnen sorgt ein komplementäres Ockergelb für eine angenehme, warme Atmosphäre.

Insgesamt wirkt das Atelier wie ein »Kokon zwischen Himmel und Meer«. An der Decke hängen alte Fischerbojen, Flaschenzüge aus Holz, Seilspulen, Flechtkörbe, gut gepflegte Boots- und Hafenlaternen und ein betagter Rettungsring. Diese in Material und Struktur sehr unterschiedlichen Gegenstände haben eines gemeinsam: Sie sind eine Hommage an die Fischer, die im Kampf gegen die Naturgewalten ihr Leben riskierten. Jeder Gegenstand hat seine eigene Geschichte, einige wurden von Stürmen an Land gespült und von Richard auf einem seiner Strandspaziergänge aufgelesen. Sogar einige Werke des Künstlers sind aus Treibgut entstanden.

Richards Arbeitsbereich wirkt wie eine Koje. Im unteren Bereich ist seine Werkbank, im oberen ein akkurat in die Wand versenktes Bücherregal untergebracht. Ein mit altem Segeltuch bezogener Holzstuhl steht vor dem großen Panoramafenster mit Blick aufs Meer. Pinsel und Werkzeuge sind ordentlich in Holz-, Glas- und Blechbehältern verstaut. In der kleinen Küche unterstreichen zwei Bullaugenfenster die nautische Anmutung. Wie in der Kombüse eines Segelbootes gibt es auch hier einen Herd mit nur zwei Platten, eine runde Stahlspüle und eingebaute Holzschränke. Hier wird kein Platz verschwendet, und alles steht sicher und fest, wenn es stürmt.

Während Richard in seinem Pariser Atelier riesige Arbeiten herstellt, passen sich seine Werke hier den zur Verfügung stehenden Räumlichkeiten an. In diesem kleinen, aber feinen Atelier über dem Meer entstehen vorwiegend kleinere Formate.

CHRISTMAS
1963

Musiker

In Verbindung mit Musik denkt man bei dem Wort »Schuppen« wohl eher an eine Kneipe als an eine Gartenlaube. In diesem Kapitel aber werden Musiker vorgestellt, die alle in eigenwilligen kleinen Holzhütten arbeiten und ihre Umgebung als Erfahrungs- und Inspirationsquelle nutzen.

Bei den »Schuppensongs« im ersten Abschnitt geht es um die unkonventionelle Zusammenarbeit einer Textilkünstlerin und eines Singer/Songwriters. Das Gartenhäuschen des Duos ist innen wie außen mit Stoffen verkleidet und die physische Manifestation eines sich ständig weiterentwickelnden Kunstprojekts. Es ist so konstruiert, dass es leicht transportiert und damit als mobile Bühne genutzt werden kann.

Auch der niederländische Musiker und Komiker Hans Liberg arbeitet in einer maßgeschneiderten Hütte, in der er komponiert und seine Shows entwickelt. Bei geschlossenen Fensterläden ist die moderne Blockhütte von einem großen, sauber aufgerichteten Holzstapel kaum zu unterscheiden, mit offenen ähnelt sie dem gut getarnten Versteck eines Vogelbeobachters. Die Hütte ist witzig und clever gebaut und in sich selbst ein Kunstwerk.

Der letzte Abschnitt stellt ein Holzhäuschen vor, in dem ein Fan der akustischen Musik seiner Leidenschaft nachgeht. »Songs from the Shed« überzeugt mit der wunderbaren Einfachheit, mit der hier Songs produziert werden. Die Musik aus dem Schuppen besinnt sich auf ihre Wurzeln, wird mit spartanischen technischen Mitteln aufgenommen und für jeden zugänglich ins Internet gestellt. Die Reihe von Musikern, die in diesem unscheinbaren Schuppen spielen, reicht von Nachwuchstalenten bis hin zu etablierten Künstlern, und die Zahl der Bewerber wächst stetig.

Der Textil-Bühnenschuppen

Elenas und Dans Schuppen wird durch die ungewöhnliche Farbgestaltung zum Kunstwerk. Die meisten Leute streichen ihr Gartenhaus einfach braun oder grün an, um es optisch der Umgebung anzugleichen. Elena hingegen geht anders vor. Sie verkleidet Holzhäuser mit einem farbenprächtigen Patchwork aus traditionellen Blumenmotiven, die sie aus ihrer Begeisterung für Stickereien kennt. Die lineare Struktur ihrer Patchworkarbeiten hatten sie dazu angeregt, diese auf die Flächen ihres Schuppens zu übertragen, und so entstand die Idee zu diesem extravaganten Hütten-Design.

Die Idee kam auch bei Elenas Freunden sehr gut an, und weitere Projekte folgten. Durch den »shedblog« bekam Elena Gelegenheit, ein paar Schrebergartenhäuschen auf ähnliche Art umzugestalten, und ein begeisterter Kunde bestellte sogar ein Stoffdesign für seine Hundehütte. Als Elena den Musiker und Songschreiber Dan Whitehouse kennenlernte, baute sie das Konzept aus. Dan wollte, einen Schuppen als Kulisse für seine Auftritte nutzen, und so schufen sie eine einmalige, mit Stoff verkleidete mobile Bühne, die Dan zu seinen Auftritten mitnehmen kann. Elena beauftragte eine Zimmerei mit der Konstruktion und Fertigung der Bauelemente, und nach anfänglichen Pannen war eine einfache Lösung gefunden: Mithilfe langer Schrauben und Flügelmuttern lässt der Bühnenschuppen sich nun leicht auf- und abbauen.

Stil

Die Außenwände schmückt ein munterer Mix aus Stoffstreifen, die aus Elenas umfangreicher Kollektion stammen. Die Muster haben etwas Vertrautes und Universelles. Sie erschließen sich einem jeden und schüchtern nicht ein, sondern spiegeln ganz bescheidenes Alltagsleben wider. Dan sagt, der Schuppen ziehe die richtigen Leute an, und Elenas Stoffe tragen dazu bei. Ihre Arbeit ist makellos, detailliert und gibt Raum für Interpretationen.

Die Innenwände sind mit Streifen aus etwa 25 Paar Jeanshosen verkleidet. Sie wurden mit Weißleim angeklebt und werden vom Boden zur Decke hin nach und nach heller. Auf den ersten Blick sieht man nicht, dass es Jeansstoff ist, doch bei näherem Hinsehen erkennt man das Material. Es verleiht dem Raum etwas Beruhigendes und weckt maritime Assoziationen.

Dieser ungewöhnliche Schuppen zieht den Betrachter durch Textilkunst und Musik gleichermaßen in seinen Bann und bringt damit sowohl Elenas als auch Dans Kreativität zum Ausdruck. Das Design hat etwas Organisches und entwickelt sich ständig weiter. Der hübsche Streifen aus Spitze ist ein gutes Beispiel für diese Variabilität.

Die moderne Blockhütte

Hans Liberg arbeitet gern in kleinen Räumen. Der versierte Musiker, Komponist und Komiker hat einen äußerst vielsetigen Musikgeschmack, von Lady Gaga bis hin zu Schubert, und dieser Stilmix findet sich auch in seinem acht Quadratmeter kleinen Studio wieder. Trotz der geringen Größe wird die Hütte allen Anforderungen des Besitzers gerecht. Das Design ist modern und originell. Es gibt den Bau nicht auf den ersten Blick als Hütte zu erkennen, sondern erinnert eher an das gut getarnte Versteck eines Ornithologen.

Inspiriert vom berühmten Holzhaus Le Corbusiers gab Hans die Hütte bei Piet Hein Eek in Auftrag, dessen Arbeit er schon immer bewundert hatte. Er fand das Konzept interessant, nur Abfallmaterialien für seine Projekte zu verwenden, und war begeistert von der Vorstellung, einen Raum zu schaffen, der sich in seiner Umgebung praktisch unsichtbar macht. Hein Eek reagierte zunächst reserviert auf Hans' Anfrage und meinte nur trocken, dass er es eigentlich nicht gewohnt sei, Kundenwünsche zu realisieren, doch er wolle darüber nachdenken. Restriktive Bauvorschriften erlaubten nur ein mobiles Gebäude, und diese Blockhütte erfüllt die Bedingung, doch die Räder sind von Holzscheiten verdeckt, sodass sie optisch mit dem Boden abschließt. Mit geschlossenen Fensterläden sieht die Hütte wie ein Holzstapel aus und passt sich unauffällig der Umgebung an. Und genau wie ein echter Holzstapel findet die Blockhütte auch in der Natur Anklang. So klopft zum Beispiel immer wieder ein Specht an die Außenwand, während Hans drinnen seiner Arbeit nachgeht.

Stil

Durch ihre Holzstruktur gleicht sich die Hütte optisch dem Wald an und ist perfekt getarnt. Die Gestaltung des Innenraums ist ähnlich schlicht. Wenn der Architekt viele Farben zur Wahl stellt, kann die richtige Entscheidung schwerfallen. Bei dieser modernen Blockhütte hat es der Designer dem Kunden aber leicht gemacht. Er stellte nur Grau oder Blau als Innenfarben zur Auswahl, und Hans entschied sich für das beruhigende, sanfte Himmelblau. Die schlichten Flächen wurden farblich wie eine Einheit behandelt, ohne sie durch unnötige Details zu unterbrechen. Hans braucht drei Monate für die Entwicklung einer Musik- und Comedy-Show und weitere drei Monate für ihre Produktion. Daher ist für ihn eine inspirierende Umgebung, in der er ohne Störungen arbeiten kann, besonders wichtig.

Im Gegensatz zu Hans' Wohnhaus, das seine Kunstsammlung beherbergt und das er selbst als »robust und lebendig« beschreibt, ist das Studio schlicht und funktional eingerichtet. Hier ist alles auf das Wesentliche reduziert: Keyboard und Radio. Es gibt nicht einmal Lautsprecher. Der einfache Tisch hat genau die richtige Arbeitshöhe für das Keyboard und steht ganz im Zeichen der Vierzigerjahre. Er dominiert also keineswegs das Ensemble. Vielmehr spricht aus ihm Sinn für Humor, Esprit und das Unerwartete. Auch die Stühle stammen von dem Architekten Hein Eek, und zwar aus seiner Kollektion »Krise«. Ihr Design soll suggerieren, dass sie einfach und von Hand geschreinert sind.

NODOR
SUPABULL
CLEVEDON
CLEVEDON

Songs aus dem Schuppen

Dieser eher unscheinbare Schuppen hat etwas wunderbar Erfrischendes. Er steht in einem Obstgarten in Südengland am Rand der Somerset Levels, nur fünfhundert Meter vom Meer entfernt, und wurde 2011 als »Shed of the Year« ausgezeichnet. Während des Ersten Weltkriegs diente er zunächst als Truppenunterkunft und möglicherweise auch als Gefangenenlager. Seitdem hat er einige Metamorphosen durchgemacht: von der Metzgerei übers Lagerhaus bis hin zum Tierstall, bevor er schließlich zu einem Podium für Indie-, Folk- und akustische Musik wurde.

Die Musikhütte hat das Leben von Jon Earl, dem heutigen Besitzer, verändert. »Ich ging stramm auf die Fünfzig zu und hätte mir auch eine Harley oder eine Geliebte anschaffen können. Stattdessen habe ich mir diesen Schuppen gekauft.« Jon überlegte außerdem, einen Musikblog oder eine Website aufzubauen. Eine Idee führte zur nächsten, und so beschloss er, den Schuppen als Konzertraum für Unplugged-Musiker zu nutzen, deren Auftritte zu filmen und auf YouTube einzustellen. Diese gute Idee wurde sogleich mit einfachsten Mitteln umgesetzt, Jon verwendete für die Aufnahmen lediglich eine alte Canon-Kamera, startete mit drei Songs und das war's.

Heute, drei Jahre, tausend Musiker und eine halbe Million YouTube-Klicks später, ist »Songs from the Shed« zu einem Kultklassiker bei Musikern und Musikkennern geworden. Bekannte und unbekanntere Künstler reißen sich darum, in Jons Schuppen zu spielen. Die Musikhütte gilt als Inbegriff authentischer Musikkultur und hat sich mit Auftritten von Prominenten wie Cerys Matthews und Bob Harris einen Namen gemacht. Nach Jon Earls Worten herrscht hier aber »totale Chancengleichheit«. Hier kann man sich hinter nichts verstecken und für Starallüren ist ein Gartenschuppen nicht der richtige Platz.

Stil

Jon ist halb Musikveranstalter, halb Sammler. Wenn man seinen Schuppen betritt, stößt man nicht nur auf einen freien Geist, sondern auch auf allerlei Unerwartetes und erkennt, welches Potenzial sein Konzept birgt. Hinsichtlich dessen, was man zu hören oder sehen bekommt, muss man sich einfach überraschen lassen. Das Bescheidene und Ungekünstelte der Musik setzt sich auch in der Art der Aufnahmemittel und in der Dekoration fort. Als Jon den Schuppen vor vier Jahren kaufte, hat der Vorbesitzer, ein Metzger, ein paar Erinnerungsstücke zurückgelassen: Urkunden von der Agrarmesse und ein paar Siegerschleifen. Anstatt sie wegzuwerfen, hat Jon sie aufbewahrt und weitere kleine Gegenstände willkürlich hinzugefügt.

Die Dekoration ist zwar wild zusammengewürfelt, aber der Schuppen wirkt trotzdem hübsch und gepflegt. Jedes Objekt hat hier seine eigene Geschichte und Bedeutung. Das Buddelschiff zum Beispiel war das erste Geschenk, das Jons Sohn von seinem eigenen Geld für ihn gekauft hat. Die Kommode stammt aus Jons altem Haus und hatte im neuen keinen Platz. Die alten Schwimmer gehörten Jons angelfreudigen Onkeln. Die exzentrische Plastikfiguren-Sammlung war früher der ganze Stolz seiner Kinder. Auch die alten Kameras, Plastikblumen, bunten Lichterketten und die Dartsscheibe haben wohl wenig materiellen Wert, aber dafür hängt an jedem der Exponate ein Stück persönlicher Erinnerungen.

FIRST

Refugien

Hütten sind Orte, an die sich nicht nur Künstler zurückziehen, wenn ihnen Stress und Routine des Alltags über den Kopf wachsen. Die in diesem Kapitel vorgestellten Stätten bieten ihren Bewohnern Zuflucht vor dem Stadtleben und die Chance, zeitweilig ein anderes, einfacheres Leben zu führen. Oft bringen die kleinen Häuschen durch ihre Gestaltung eine bestimmte Überzeugung, Arbeitsethik oder Philosophie ihrer Besitzer zum Ausdruck. Und wer meint, der Bau und die Gestaltung solcher Rückzugsgebiete seien reine Männersache, der irrt. Refugien sind keineswegs eine traditionelle Ausweichmöglichkeit für familiengeschädigte Männer, sondern geschlechtsunabhängiger Ausdruck wohlüberlegter Gestaltung individueller Freiheit in einer reizvollen, naturnahen Umgebung.

Neben dem berühmten Ein-Zimmer-Holzhaus Le Corbusiers wird eine Gruppe von Baumhäusern vorgestellt, die der anerkannte Umweltschützer Peter Bahouth aus gefundenen Materialien baute, ohne die sie beherbergenden Bäume zu beeinträchtigen.

Inmitten einer idyllischen englischen Landschaft wurden ehemalige Frachtcontainer mit hochwertigen Holzregalen ausgestattet und in mobile Bibliotheken verwandelt. Dieser Ansatz zeigt, wie eine kreative Idee ein Platzproblem auf originelle Weise lösen kann.

Andere der hier vorgestellten Refugien sind noch einfacher und abgeschiedener, wie zum Beispiel die Fischerhütte an einem abgelegenen See, die bisweilen als Hochzeitssuite genutzt wird, oder die Gruppe alter Airstream-Wohnwagen an einem Berghang in Kalifornien, die auf dem Luftweg dort hinaufgeschafft wurden.

Bens Hobby-Schreinerei

Der Grafikdesigner Ben hat seinen Rückzugsort mit eigener Hand und aus recycelten Materialien gebaut. Das Gartenhaus am Ende seines Grundstücks in der hübschen viktorianischen Küstenstadt Whitstable wurde genau auf die verfügbare Fläche hin ausgerichtet. Das hintere Gartentor, durch das das Baumaterial transportiert wurde, um es nicht durchs Haupthaus tragen zu müssen, wurde in die Rückwand des Häuschens integriert. Bei diesem cleveren Design wurde jeder verfügbare Zentimeter optimal genutzt.

In seinem Gartenhaus kann Ben sich vom Familienleben zurückziehen und seiner Leidenschaft für edle Schreinerarbeiten nachgehen. Er legt viel Wert auf bestes Material und sammelt altes Bauholz – je älter, desto besser. Für ihn ist es ein Sakrileg, ein gut erhaltenes Stück Eiche oder Mahagoni wegzuwerfen, und so lagert er es ein, bis er irgendwann Verwendung dafür findet.

Die Bauweise der Hütte richtete sich nach dem Material, das Ben im Lauf der Zeit zusammentrug, um es bei Gelegenheit wiederzuverwerten. Eine Wand wurde mit Holzlatten von alten Weinkisten getäfelt, die Flügeltüren stammen vom Sperrmüll, und die Schiebefenster waren früher in Bens Haus verbaut und wurden nach Erneuerung auf diese Weise weiter genutzt. Natürlich waren auch die Fenstergewichte aus Blei zu schade zum Wegwerfen und haben einen neuen, wenn auch temporären Daseinszweck als Begrenzung zwischen der Steinterrasse und dem Blumenbeet gefunden.

Stil

Besonders auffallend an Bens Schlupfwinkel am Meer ist die konsequente Verwendung alter Materialien in ihrer ursprünglichen Form, die dem Gartenhaus durch ihre Farbe und Textur eine besondere Atmosphäre verleihen. Das Ganze wirkt wie ein kunstvolles Patchwork. Die weitgehend natürlichen Farbtöne der Baumaterialien werden ergänzt durch kleine Tupfer vom Rot, Schwarz und Gelb zufällig zusammengewürfelter Objekte, die im Raum Akzente setzen.

Ben legt keinen Wert darauf, die Objekte in ihren ursprünglichen Zustand zurückzuversetzen, sondern schätzt die Spuren natürlicher Abnutzung. Es gibt hier eine Fülle unterschiedlicher Oberflächen, die alle reichlich Patina angesetzt haben. Der Lack auf der dunklen Mahagoni-Werkbank zum Beispiel ist fleckig und verkratzt. Sie stand früher in einem Schullabor und hat Tausende von Chemieversuchen hinter sich, bei denen Generationen von Schülern ihre Ellbogen auf die Tischplatte aufstützten.

Bens Vorliebe für Schriften zeigt sich hier an den Teekistenbrettern, mit denen die Hintertür verkleidet ist, und an dem Staukasten, der früher alten Portwein beherbergte. Es gibt sogar einen alten Traktorsitz, auf dem die wuchtige Namensprägung des amerikanischen Herstellers prangt. Man findet auch kleine Skulpturen, die aus alten Taschenbüchern gemacht sind, und auf der Werkbank sitzt ein Vogel, der aus Gips, Draht und Pappmaché besteht. Tausende kleine Geschichten und Details stecken in diesen interessanten Gegenständen.

Baumhäuser

Peter Bahouth, früherer Executive Director von Greenpeace USA und der Turner Foundation sowie amtierender Executive Director des US Climate Action Network ist ein allseits bekannter Umweltexperte. Bei seinem Vorhaben, eine Gruppe von Baumhäusern in einem Waldgebiet mit altem Baumbestand zu bauen, verfuhr er nach der Maxime, alle Bäume mit größter Umsicht und Ehrfurcht zu behandeln. Der größte Baum, der das dritte Baumhaus der Siedlung beherbergt, ist eine Kurznadelkiefer, die mit mehr als 145 Jahren bereits den Amerikanischen Bürgerkrieg miterlebt hat. Andere Trägerbäume sind Eichen, Kiefern und Tulpenbäume.

Die drei Baumhäuser wurden sechs Monate lang geplant und innerhalb von sechs Wochen gebaut. Die Konzeption war so aufwändig, da auch die Brücken zwischen den Häusern entworfen werden mussten sowie ein Bett, das sich über einen Bach hinausfahren lässt.

Peter wollte sich beim Bau der Baumhaussiedlung »daran erinnern, wie wir als Kinder Baumhäuser erlebt haben, als wir nur ein, zwei Bretter zur Vefügung hatten, die wir auf die Äste legen konnten, und kaum Möglichkeiten, unser Baumhaus so zu gestalten, wie wir es uns vorstellten«. Peter ist davon überzeugt, dass auch heute noch die Bäume den Prozess mitbestimmen: »Sie sagen einem, was man tun kann und was nicht. Es gibt eine Bautheorie, der zufolge man die Materialien an den Bauort bringt und dann den Ort die Bauart bestimmen lässt. Damit fährt man am besten.«

Der Bauherr trug im Vorfeld nicht nur das Material zusammen – darunter zehn hundert Jahre alte Fenster aus einem Freimaurertempel –, sondern fand auch einen Weg, die Häuser zu bauen, ohne die Bäume zu beschädigen. Peters Lösung war ein System, bei dem die großen Balken am Boden der Häuser nicht direkt an den Bäumen angebracht, sondern mithilfe von Gleitschienen an ihnen befestigt werden. Dieses System ermöglicht den Bäumen auch weiterhin freien Wuchs.

Stil

Die natürlichen Materialien, die für den Bau eingesetzt wurden, und ihre rauen, stark strukturierten Oberflächen bestimmen hier das Erscheinungsbild. Die Brücken zwischen den Hütten wurden aus dicken Hanfseilen gefertigt, die nicht nur funktional, sondern auch sehr dekorativ sind. Die dünneren, geflochtenen Tragseile lassen Spielraum für Bewegung, die lose herabhängenden Seilenden und die Lichterketten heben die Konstruktion von der rein funktionalen auf eine ästhetische Ebene.

Die schmiedeeiserne Brüstung vor dem Fenster wurde so angebracht, dass sie den Eindruck eines Balkons erweckt. Die Holztische, die bewusst unbearbeitet blieben, das kompakte hölzerne Bettgestell und der alte Ledersessel mit Knopfheftung fügen sich nahtlos in die Baumumgebung ein. Die Möbelstücke stammen alle von Flohmärkten.

Hier, inmitten des Waldes, ist die Schönheit der Natur allgegenwärtig. Das Baumhaus mit dem einladenden, wunderschönen Schlafzimmer hat auf der Bettseite eine große Öffnung. Man ist halb drinnen, halb draußen und fühlt sich dennoch geschützt. Bei Bau und Gestaltung der Häuser spielte die optische Balance zwischen Wohnlandschaft und den tief gerillten Baumstämmen, die durch den Wohnbereich ragen, eine wichtige Rolle. Keines der Möbel, vom Tisch mit den dünnen, gedrechselten Beinen und den Korbstühlen bis hin zum Ledersessel mit Knopfheftung, wirkt plump oder unnatürlich. Selbst die schmiedeeisernen Kerzenständer mit dem geschwungenen Dreifuß wirken leicht und luftig.

Die Fischerhütte mit edlem Flair

Seit Rob aus der Stadt aufs Land gezogen ist, beschäftigt er sich mit immer neuen Bauvorhaben. Die »Fischerhütte« wurde anlässlich einer Landwirtschaftsmesse vor Ort gebaut. Nach der Messe montierte er sie ab und baute sie auf seinem idyllischen, neun Hektar großen Kleinbauernhof mit traditioneller Schweine-, Schaf-, Ziegen- und Hühnerzucht am Ufer des dortigen Sees wieder auf.

Das Design war von den Holzfällerhütten im Mittleren Westen der USA inspiriert. Doch Rob achtete darauf, dass das neue Gebäude auch zu der englischen Architektur seines Gehöfts passt, das aus dem 17. Jahrhundert stammt. Statt metallener Schrauben und Nägel verwendete er in traditioneller Bauweise Holzzapfen und Zapfenlöcher. Um den »Siedler-Effekt« zu erreichen, wählte er für die Dachschindeln Zedern- und für den restlichen Außenbereich Douglasienholz, das eine wellige Struktur aufweist. Das Holz bekam im Laufe der Zeit eine wunderbare Patina und harmoniert farblich hervorragend mit den Pflanzen am Seeufer.

Das Gehöft ist ein gut gehütetes Geheimnis, von dem nicht viele wissen. Gelegentlich dient es als temporäres Restaurant und in den Sommermonaten als Veranstaltungsort für Hochzeiten. Die Fischerhütte dient dabei als romantische Hochzeitssuite, zu der das Brautpaar am Ende der Feierlichkeiten hinüberrudert. Zwischen den Buchungen verbringen Robs Töchter, die im Teenageralter sind, dort gern einige Zeit mit Freunden.

Die Leute reagieren ganz unterschiedlich auf diese reizende kleine Hütte. Während Frauen sie eher als Künstleratelier, Freizeitraum für Teenager oder als Musikzimmer sehen, würden die meisten Männer am liebsten gleich einziehen.

Stil

Die Kombination aus gemütlichem Holzinterieur, Holzofen und großem Panoramafenster mit Blick auf den See gibt dem traditionellen Landhausstil einen modernen Touch. Der dekorative Kristallkronleuchter hebt den Raum aus seiner rustikalen Schlichtheit heraus und setzt ihn in ein neues, unerwartetes Licht. Genau wie der hohe Holzofen lenkt er den Blick nach oben, sodass man den ganzen Raum erfasst.

Beachtenswert sind auch die unterschiedlich breiten, quer verlaufenden Eichenplanken, mit denen die Wände verkleidet wurden. Sie vermitteln ein Gefühl von Sicherheit und Stabilität. Auf diese geschickte und doch einfache Art kann man durch die Anordnung der Bodendielen und Wandtäfelung eine gemütliche, entspannende Raumatmosphäre schaffen.

Für die Ausstattung wurden ein paar Gegenstände aus edlen Materialien aus ihrem traditionellen Kontext herausgelöst und in die ansonsten eher rustikale Raumgestaltung integriert. Dies verleiht dem Raum einen Hauch von Luxus. Der Kristallkronleuchter an der Holzdecke, die klassischen, antiksilbernen Kerzenständer und die glasumfasste Sturmlampe zum Beispiel sorgen für eine elegante und romantische Atmosphäre.

Autarkes Leben in alten Wohnwagen

Richard, dem dieses steile, zerklüftete und wunderschöne Gelände im kalifornischen Big Sur hoch über dem Pazifik gehört, ist ein leidenschaftlicher Verfechter des autarken Lebens. Für ihn dreht sich alles um Selbstversorgung und Eigenverantwortung. Mithilfe von Sonnenkollektoren erzeugt er eigenen Strom und verwendet ihn wohlüberlegt. Er führt sein Leben nach der Überzeugung, dass es alles, was wir brauchen, »da draußen« gibt. Als junger Mann reiste Richard per Anhalter durch die ganze Welt. Doch schließlich hatte er genug vom Trampen und kehrte zu seinen Wurzeln zurück. Nun besitzt er ein Sägewerk und 22 Hektar unberührten Landes in Kalifornien mit einigen 800 Jahre alten Mammutbäumen. Dieses Land ist sein Zuhause und seine Welt geworden. Seine schlicht eingerichteten und liebevoll restaurierten Oldtimer-Wohnwagen vermietet er an Leute, die seine Begeisterung für das autarke Leben in einer herrlichen Landschaft teilen, in der der Nachthimmel so dunkel und sternenklar ist, dass man noch über ihn staunen kann.

Richard behauptet, der Sinn für Raumgestaltung sei ihm angeboren. Es fällt ihm leicht, Räume zu erfassen und zu strukturieren. Die Schlichtheit der edlen Oldtimer-Wohnwagen und das moderne und doch elegante Badehaus passen ideal an diesen beeindruckenden Ort. Die Airstream- und Silverstream-Wohnwagen wurden mit Bedacht an der steilen, schmalen Straße aufgestellt, die Richard selbst gebaut hat, um das Gelände optimal zu nutzen. Von jedem Wohnwagen aus genießt man einen herrlichen Blick über die Küste und nach einem heißen Tag eine belebende Dusche unter freiem Himmel oder ein Bad im Whirlpool in dem holzgetäfelten Badehaus mit Blick aufs Meer, in dem man an stillen Abenden entspannen und dem Gesang der Wale lauschen kann.

Stil

Die schlichten, gemütlichen Wohnwagen sind holzgetäfelt und mit nostalgischen Objekten ausgestattet. Richard ist nicht nur ein geborener Raumgestalter mit Sinn für Details, sondern auch ein talentierter Schnäppchenjäger. Fast alles ist aus zweiter Hand, selbst die Edelstahlspüle und die gusseiserne Wanne im Badehaus. Auf verwitterten alten Verandastühlen können Gäste den überwältigenden Panoramablick auf die kalifornische Küste genießen – und haben dabei optimalen Handyempfang. Die abgenutzten Stühle und bauchigen Wohnwagen verströmen einen etwas morbiden Charme, ihre organischen Formen haben fast etwas Animalisches. Sie ähneln riesigen ruhenden Gürteltieren oder Asseln in wilder Natur.

Auch das Design des Badehauses wurde bewusst schlicht gehalten, um es unauffällig in die Umgebung einzufügen, der Innenraum jedoch ist luxuriös ausgestattet. Ein großes, leicht nach Süden abfallendes Dach und große Fenster an drei Seiten optimieren den Ausblick. An der Vorderseite wurde eine schmale, ebenerdige Terrasse aus Mammutholz vorgebaut. Ihr satter, natürlicher Farbton verschmilzt wunderbar mit der urwüchsigen Landschaft. Richard kauft nach wie vor Bauholz, doch das meiste Holz, das er verbraucht, stammt von Ästen der Mammutbäume, die von Winterstürmen gefällt wurden.

Le Petit Cabanon

Das unscheinbare kleine Gebäude mit Halbdach und Wänden aus rohen Kiefernstämmen umfasst nur 14 Quadratmeter. Kaum würde man vermuten, dass hinter dem unauffälligen Konzept mit le Corbusier einer der bedeutendsten Architekten des 20. Jahrhunderts steht. Dessen Design war aber im Kleinen genauso wohldurchdacht wie bei seinen Großprojekten und der Philosophie verpflichtet, die zur Verfügung stehende Fläche optimal zu nutzen. In die-sem Ferienhäuschen wollte le Corbusier das einfache Leben genießen, und so konzipierte er es als moderne Interpretation einer Mönchszelle, in der es festgelegte Bereiche für Tag und Nacht gibt. Nichts wurde hier dem Zufall überlassen.

Le Corbusier baute das kleine Ein-Zimmer-Sommerhaus in Roquebrune-Cap Martin Anfang der Fünfzigerjahre für den Eigenbedarf und meinte dazu: »Ich habe ein kleines Haus an der Côte d'Azur. Es ist verschwenderisch, was Komfort und Freundlichkeit angeht. Ich habe es für meine Frau gebaut (...) Jeder Quadratzentimeter wurde sinnvoll verwendet.«

Das kleine Holzhäuschen steht an einem schmalen, felsigen Bergweg zwischen duftenden Eukalyptusbäumen, Agaven und Bärenklau und bietet einen wunderschönen Blick auf die Côte d'Azur. Es heißt, Le Corbusier habe es beim Abendessen in einem Restaurant entworfen und dazu nur 45 Minuten gebraucht.

Stil

Das schlichte Sperrholz- und Eicheninterieur ist ein wunderbares Beispiel für höchste Funktionalität auf kleinstem Raum. Le Corbusier wusste, dass der Mensch glücklich ist, wenn er sich wohlfühlt. Und die Gestaltungselemente, durch die dieser Wohlfühlzustand erreicht wird, sind hier so deutlich sichtbar, dass man viel über gutes Interieur lernen kann. Anstatt sklavisch den Modetrends zu folgen, sollte man sich an diesen Raumelementen orientieren und sie den persönlichen Anforderungen anpassen.

Le Corbusier hat alles aufeinander abgestimmt und an alles gedacht – von den Einbaumöbeln über die Beleuchtungskörper bis hin zu den Türgriffen. Die pilzförmigen hölzernen Garderobenhaken sind in bequemer Höhe angebracht und die Möbel und Stauräume an genau den richtigen Stellen eingebaut und fixiert. Die schlichten Holzstühle sind mit Kerben versehen, an denen man sie anheben und verschieben kann. Die Fensterläden wurden im Badezimmer innen montiert, sodass man sie leichter verschließen kann. Den linken Laden ziert ein kraftvolles Wandbild, das Le Corbusier selbst gemalt hat und das dem Raum ein ganz persönliches Flair verleiht. Am anderen Laden ist der Spiegel angebracht, der das einfallende Licht reflektiert und den Raum größer erscheinen lässt.

Bibliotheks-Container

Zwei Frachtcontainer fanden hier auf grüner Wiese ungewöhnliche Verwendung. Eingebettet in eine idyllische Landschaft gehören sie als mobile Bibliothek zu dem eleganten historischen Haus des Grundbesitzers Niall Hobhouse. Eine so umfangreiche Sammlung an Büchern über Architektur, Antiquitäten, Gartenbau, Fotografie und Design findet man nicht alle Tage.

Niall arbeitet an einer ganzen Reihe von Projekten, seine Bibliothek umfasst eine interessante Sammlung unterschiedlicher, einander ergänzender Sachgebiete und Titel, und sie bekommt stetig Zuwachs. Die Idee für diese mobile Bibliothek entstand, als Niall dem inzwischen verstorbenen Architekten Cedric Price erzählte, dass er seine vielen Bücher oft umlagern müsse. Inspiriert von reisenden Gelehrten des 17. Jahrhunderts, die ihre Bibliothek in speziellen Bücherschränken mit sich führten, beschloss man als eine Art moderne Weiterführung dieses Konzepts gebrauchte Frachtcontainer als »Bücherschränke« wiederzuverwerten.

Nach dem ursprünglichen Konzept sollte eine Gruppe von Containern so angeordnet werden, dass sie miteinander korrespondierten. Die ersten beiden riesigen Containerbibliotheken sind aber nur theoretisch mobil, praktisch sind sie nur mit großem Aufwand zu bewegen.

Auf den ersten Blick steht die technisierte Form der Container im völligen Widerspruch zu ihrer Umgebung. Die Wagen bilden jedoch einen interessanten architektonischen Gegenpol zum warmen Honigton des Steinhauses und der eichenbestandenen hügeligen Parklandschaft.

Stil

Beide Container wurden sorgfältig für unterschiedliche Zwecke ausgestattet und haben dementsprechend unterschiedliche Charakter. Der blaue Container dient vorwiegend als Arbeitsraum, der schwarze als Lager für die Bücher. Im ersten wurde eine Reihe von Spiegeln eingesetzt, um den Raum optisch zu vergrößern. Das Holz für die Eichenmöbel stammt von Nialls Anwesen. Der zweite Container wurde mit einer schwarzen Hochglanz-Täfelung und verstellbaren Stablampen versehen. Damit die Bücher immer trocken bleiben und die richtige Temperatur haben, wurde der Lagercontainer mit umweltfreundlicher Schafwolle isoliert.

Die minimalistische Ausstattung setzt auf schlanke Holzrahmen und Stahlrohre anstatt auf massive Regalbretter und Wände. Ganz der Tradition verpflichtet ist die Bibliothekstrittleiter. Sie stammt aus dem Lesesaal der Abteilung für Drucke und Zeichnungen des Britischen Museums. Die Anordnung der Bücher folgt keiner traditionellen Klassifizierung, sondern wurde nach Zufalls-Rubriken zusammengestellt. Diese »inszenierte Orientierungslosigkeit« ist durchaus beabsichtigt. Dahinter steckt der Gedanke, dass man zufällig auf ein interessantes Buch stößt, während man eigentlich gerade nach einem anderen sucht.

Das Steuerhäuschen an der Themse

Diese bizarr anmutende Hütte steht einsam und allein in den Londoner Docklands am Ufer der Themse , als wäre sie aus einer anderen Zeit. An diesem Dock im Stadtteil Trinity Buoy Wharf wurden früher Feuerschiffe und Bojen gewartet, repariert und gelagert. Jetzt ist es ein Kulturzentrum für Kreative. Das alte hölzerne Ruderhaus, das inzwischen in ein Künstleratelier umgewandelt wurde, erinnert noch an die nautische Vergangenheit. Gestiftet wurde das Ruderhaus vom Museum of London, doch über seine Geschichte ist wenig bekannt. Man kann nur staunen darüber, dass es überhaupt erhalten geblieben ist und nun wie ein Stück Strandgut mit geheimnisvoller Vergangenheit die Werke der dort arbeitenden Künstlerin Julie Newman beeinflusst.

Was als Streit über einen behindertengerechten Zugang begann, endete damit, dass Julie sich um dieses Häuschen bewarb. Hier kann sie in der Nähe parken und mithilfe ihrer Stöcke die wenigen Meter zum Atelier zu Fuß gehen. Julie kommt hierher, um in Ruhe über Projekte nachzudenken, Ideen zu entwickeln und um zu recherchieren und fühlt sich »privilegiert« und »befreit durch den Fluss«.

Das Häuschen aus verwittertem Teakholz ist mit seinen 2,1 auf 1,95 Metern winzig. Der Innenraum wirkt aber dank der Fenster an allen vier Seiten leicht und luftig und deutlich geräumiger. Früher auf See, als das Ruderhaus auf den großen Überseeschiffen den Rudergänger aufnahm, war gute Rundumsicht unerlässlich. Außerdem schützten die Fenster den Diensthabenden vor Wind, Regen und Gischt. Noch heute hat man das Gefühl, Teil des Flusses zu sein und der sich ändernden Landschaft, wenn man diesen Kreativraum betritt. Oft stecken Passanten den Kopf zur Tür herein, um mit Julie zu plaudern. Die Künstlerin erklärt sich die Faszination, die das skurrile Gebäude auf die Menschen ausübt, mit dem »Geist des Abenteuers«, den es verströmt.

FIRST

Stil

Dieses Gebäude wurde mit großer Sorgfalt und viel Sinn für Ästhetik gefertigt. Allein die Außenwand mit ihren Fugen, der Dichtung über der Tür und den zweiteiligen Füllungen unter den Fenstern zeugen von bester handwerklicher Qualität.

Die Innenwände des Steuerhauses sind abgenutzt und der graugrüne Anstrich blättert ab. Der Farbton passt perfekt zum Wasser der schnell fließenden Themse und erinnert an das Grau alter Kriegsschiffe – ein Ton, der nicht unbedingt dekorativ sein will, es aber fast automatisch ist.

Julie hat hier eine Fülle maritimer Dekorationsgegenstände zusammengetragen, darunter eine Muschelsammlung, aus dem Flussbett angespülte Steine und ein paar holzgeschnitzte Vögel. Die nachgebildeten blauen und grünen Glasschwimmer am Fenster dienen als Farbtupfer und brechen das Licht. Dieses Häuschen ist eine kleine Schatztruhe an nautischen Dekorationsgegenständen. Dort findet sich Arbeitsmaterial zu früheren Projekten, dazu bebilderte Nachschlagewerke über Vögel und Muscheln, Seemannsknoten und andere maritime Themen.

Die Skihütte in Norwegen

Hanne und Per, die Besitzer dieser schmucken Skihütte, suchten für den Winter einen gemütlichen Rückzugsort, an dem der Nachwuchs nicht so einfach vor dem Familienleben »flüchten« kann.

Die Hütte ist drei Autostunden vom Hauptwohnsitz entfernt, und am Wochenende laden Hanne und Per ihre Kinder und Taschen ins Auto und fahren los. Das Erste, was sie nach der Ankunft tun, ist ein Feuer im Kamin anzuzünden und eine Flasche Rotwein zu öffnen. Sie »sitzen einfach gern auf der Chaiselongue, genießen die Stille, den Duft und das Knistern des Kaminfeuers und die weite Schneelandschaft draußen«.

Lange haben sie erfolglos nach einem geeigneten Holzhaus gesucht, das sie hätten renovieren können. Und so kauften sie am Ende eine Landparzelle auf einem abgelegenen Berghang und bauten darauf ihre eigene Hütte. Hanne hatte eine klare Vorstellung von der Gestaltung, und mit ihrem Entwurf als Grundlage zeichnete Per die Pläne, die dann detailliert ausgearbeitet wurden. Von außen wirkt die Hütte eher unscheinbar und vollständig in die Landschaft integriert, aber die Bauweise ist zeitgemäß und unterscheidet sich grundlegend von den älteren Gebäuden der Gegend. Die Schlafzimmer liegen in der unteren Etage, während der große, offene Wohn-, Ess- und Kochbereich im oberen Stockwerk untergebracht ist.

Hanne und Per kommen während der Skisaison von Dezember bis April fast jedes Wochenende hierher, die Pisten liegen fast direkt vor der Haustüre. An Weihnachten und Ostern bleiben sie länger und genießen das Familienleben: »Wir fahren Ski, essen, spielen Karten und schauen uns gemeinsam Filme an. Normalerweise sind wir unter uns, aber hin und wieder sind auch Freunde und deren Kinder mit von der Partie.«

Stil

Hanne ist Miteigentümerin eines bekannten Geschäfts für Lifestyle und Inneneinrichtung in Oslo namens »Bolina« und hat ein sicheres Gespür für Design. Als sie und Per den Innenraum der Hütte planten, stellten sie fest, dass sie an ihrem Wohnhaus, das auch aus Holz gebaut, aber viel älter ist, am meisten dessen »Seele« schätzten. Doch wie sollten sie diese schwer erfassbare Eigenschaft einem Neubau einpflanzen? Sie beschlossen, bei der Ausstattung auf eine Vielzahl an antiken Objekten und Materialien zurückzugreifen. Das Ganze sollte nicht zu perfekt oder zu edel aussehen, und so kam es zu ein paar ungewöhnlichen Kombinationen. Hanne und Per suchten via Anzeige in der Lokalzeitung nach gebrauchten Gegenständen und Materialien. Die nächsten beiden Wochenenden fuhren sie durch die Gegend und kauften an Material, was ihnen interessant erschien, etwa 14 Innentüren, die sich alle in Form, Farbe und Größe voneinander unterschieden.

Die Oberflächen in der Hütte sind durchgehend stark strukturiert. Sie greifen Elemente der Umgebung auf und halten sich an den Grundsatz, dass man bei der Innenraumgestaltung den Kontext beachten muss, in den das Haus eingebettet ist. Der Wohnbereich ist vertikal mit patiniertem Holz getäfelt. Ein sorgfältig aufgeschichteter Stapel Holzscheite an der Wand komplettiert das warme Naturholz-Ambiente, das sich auch in der Küche fortsetzt. Die Küchenschränke sind von Ikea, doch die Türen wurden mit Holzbohlen aus einer alten Scheune verkleidet. Der Tisch ist rustikal und kompakt und besteht aus einer extradicken Platte, die man auf ein einfaches Bockgestell gesetzt hat. Küchenwände und Arbeitsplatten sind aus Beton und bilden einen kühlen, glatten Gegenpol zu der rauen Holzstruktur.

Das kalte nordische Licht harmoniert wunderbar mit den neutralen Farben. Die Wände wurden in intensiven Grautönen gestrichen, der Boden in schlichtem Weiß, das übrige Holz ist gebleicht und naturbelassen. Auch die verputzte Küche mit ihren Stahlelementen ist in natürlichen Farben gehalten, ebenso die naturbelassenen Bezugsstoffe wie Leinen, Drillich, Filz und Ziegenleder.

Gärtner

Meist dienen Gartenschuppen als Stauraum für Werkzeuge, Maschinen und sonstige Gartenutensilien, doch die Schuppen, die in diesem Kapitel vorgestellt werden, entsprechen in keiner Weise den üblichen Klischees. Sie verbinden Altes mit Neuem und strahlen ein besonderes Flair aus, wie man es so wohl noch nicht gesehen hat.

William Morris' holzverkleidetes Gartenhäuschen, das zu seinem märchenhaften Red House außerhalb Londons gehört, bezeichnete der präraffaelitische Maler Burne-Jones als den »schönsten Ort auf Erden«. Der zeitlose Stil der Arts-and-Crafts-Bewegung des 19. Jahrhunderts beeinflusste nachhaltig die Gestaltung durch die Verwendung botanischer Motive in Form stilisierter Blätter, Blumen und Früchte auf Tapeten, Stoffen und Textilien.

Aus einem anderen Jahrhundert stammt ein modernes, schlichtes Gewächshaus in Minnesota. Groß und elegant steht es für die Liebe seiner Besitzer zum Gartenbau in einem rauen Klima, in dem die Vegetationszeit kurz und die Temperaturen extrem sind. Der Schuppen ist ein Schutzraum für die Aufzucht zarter Jungpflanzen und verleiht dem Garten Form und Balance in einer unfreundlichen Umgebung.

Wieder anders präsentieren sich die Schrebergartenhäuschen des gefeierten Gartenbauers Cleve West. Dieser setzt bei der Gartengestaltung so sehr auf undogmatische Lösungen, dass man nur staunen kann. Statt traditioneller Ordnung wird bei Cleve die Natur zum Helfer im kreativen Prozess. Die Form seiner Schrebergartenhäuschen richtet sich frei nach den vorhandenen Materialien und nur vage nach Vorstellungen des Besitzers. Selbst wenn ein Haus schon fertiggestellt ist, wird probehalber noch Reisschnitt von beschnittenen Bäumen aufs Dach geworfen, um einen natürlichen Lebensraum für Vögel zu schaffen. So viel Naturverbundenheit ist eine echte Freude. Man findet nicht oft Gelegenheit, sich so frei zu fühlen, und den Mut, gemeinsam mit der Natur zu experimentieren.

Wilde Schrebergartenhäuschen

Der Gartengestalter Cleve West ist dreifacher Goldmedaillen-Gewinner der Blumenschau in Chelsea. Daher liegt die Annahme nahe, dass es in seiner Gartenwelt hübsch geordnet zugeht. Doch das Gegenteil ist der Fall, wie sein wilder Schrebergarten und die drei Gartenhäuschen zeigen. West ermuntert zu Unvollkommenheit und Improvisation. Seine Gärten arbeiten Hand in Hand mit der Natur. Er pflanzt oft in so freier Form, als hätte der Wind die Samen verstreut, und bei seinen Häusern folgt Cleve denselben Gestaltungsprinzipien. Er fängt mit einer vagen Idee an, alles weitere überlässt er dem Zufall und dem verfügbaren Material.

Cleves eigener Schrebergarten und sein ausgeprägter Sinn für Familie und Gemeinschaft liefern ihm die Anregungen für seine Arbeit. Auf diesem kleinen Stück Boden kommt alles zusammen und bildet einen kreativen Lebensraum. Gemüse und Blumen wachsen nebeneinander in natürlicher Harmonie. Ein Highlight in Cleves Schaugärten in Chelsea waren Pastinaken, die ausgetrieben hatten und rätselhafte Fruchtstände bildeten. Die verblüfften Betrachter konnten die filigran wirkenden Pflanzen nicht zuordnen.

Cleves Schrebergarten ist mit den Jahren stetig gewachsen und erstreckt sich nun über vier weitere Grundstücke. Die kommunalen Schrebergärten liegen neben einem Park am Stadtrand von London. Man betritt sie durch eine unscheinbare Holztür in einer schmalen alten Backsteinmauer. An heißen Sommertagen, wenn sich eine Herde Rotwild im nahen Fluss abkühlt, sind die Gärten eine echte grüne Oase in der hektischen Stadt.

ROW'S CHARCOAL

Stil

Cleves Gartenhäuser wirken wie zufällig entstanden, aber sie sind es nicht. Vielmehr sind sie Ergebnis einer äußerst kreativen Verwendung recycelter Materialien. Die Tür des Pflanzschuppens zum Beispiel nahm Cleve nach einer Fernsehshow über Gartengestaltung mit. In der Show zerlegte er einen Schuppen und benutzte leere grüne Glasflaschen als Isoliermaterial. Nichts wird bei ihm weggeworfen, alles findet neue Verwendung, selbst beim Bau des Pizzaofens. Dafür wurde Lehm verarbeitet, der vom Neuverlegen der Hauptwasserleitung in der Schrebergartenanlage übrig geblieben war. Die großen Pizzaschaufeln mit ihrer schönen, markanten Maserung sind von Hand aus Ulmenholz gefertigt. Durch das Ulmensterben, das in den Siebzigerjahren in Großbritannien grassierte, hat dieses Holz heutzutage Seltenheitswert. Es stammt aus Brighton, dessen Ulmenbestände dank seiner Lage an der Südküste, geschützt durch die South Downs von der Krankheit verschont geblieben sind.

Die getrockneten Zweige, Gräser und Holzreiser, die in losen Haufen auf die Schuppen geworfen wurden, geben den Dächern eine neue Form und dienen den Vögeln als Lebensraum. Im Garten gibt es außerdem vier Nistkästen. Cleve weiß aus eigener Erfahrung, wie wichtig solche Angebote für die Vögel sind. Er konnte selbst beobachten, wie eine Blaumeise ihr neues Zuhause bezog, kaum dass er den Nistkasten aufgehängt hatte und die Leiter heruntergestiegen war.

Ein Gewächshaus in Minnesota

Patrick und Robyn, die Besitzer dieses edlen Gewächshauses, sind leidenschaftliche Gärtner. Doch das extreme Klima in Duluth, Minnesota, mit seinen ausnehmend kalten Wintern, macht ihnen das Gärtnern nicht leicht. Ihr Haus am Lake Superior mit herrlichem Blick auf den See ist viele Monate lang eisigen Winden und Minusgraden ausgesetzt, und die Vegetationsperiode ist kurz. Ende Mai gibt es noch Bodenfrost und bereits Anfang September kehrt der eisige Wind zurück. Bei diesen Klimaverhältnissen überrascht es nicht, dass Patrick und Robyn einen sicheren Ort für ihre Keimlinge, empfindlichen Topfpflanzen und für ihr Gartenwerkzeug suchten.

Da sie in Baumärkten keinen interessanten und originellen Pflanzschuppen fanden, beauftragten sie das Architekturbüro Silver Cocoon mit der Entwicklung eines entsprechenden Bauwerks. Die Maßgabe war schlicht und einfach: ein Gewächshaus, das ihren gärtnerischen Ansprüchen gerecht wird, sich harmonisch in die Landschaft einfügt und ein Ort der Erholung ist. So entstand ein gemütliches, großzügiges Gartenhäuschen, das zudem ein inspirierendes Beispiel für »sinnvolles Design« darstellt, wie es diese jungen Architekten anstreben.

Dank des Gewächshauses gedeihen in Patricks und Robyns Garten eine Fülle an Gemüsen sowie ein- und mehrjährigen Pflanzen. Die beiden haben sich damit einen persönlichen Ort in der Natur geschaffen, an dem sie die elementaren Freuden des Lebens genießen können. So gelingt es ihnen, das Praktische mit dem Ästhetischen zu verbinden und einen Ausgleich im Privatleben zu finden, der einen echten Kontrapunkt zum Berufsleben bildet. Eine wünschenswerte Balance im Leben.

Stil

Dieser ungewöhnliche und stilvolle Pflanzschuppen wurde aus herkömmlichen Materialien gebaut, die mit viel Bedacht eingesetzt wurden. Ziel der Auftraggeber war es, »Standardmaterial auf schöne Art und Weise zu verwenden«. Das steile Satteldach zum Beispiel wurde aus handelsüblichen, genormten Zedernholzlatten gebaut. Die besondere Form allerdings verleiht ihm den Charakter eines orientalischen Teehauses und ist zugleich praxisgerecht, weil große Schnee- und Regenmengen so leichter abfließen können. Der lange Überhang erfreut nicht nur das Auge, sondern bietet auch großen Topfpflanzen Wetterschutz.

Die Fächerregale innen zur Aufbewahrung von Werkzeug sind ebenfalls vorgefertigt, aber so angeordnet, dass die dort hängenden Schaufeln, Harken und weiteren Geräte ausreichend Platz haben. Das sieht nicht nur ordentlich aus, sondern verleiht ihnen sogar eine gewisse Würde. Der offene Dachbereich unterstreicht den geräumigen, luftigen Eindruck des Häuschens und bietet zusätzlichen Stauraum.

Die vier identischen Sprossenfenster an der Längsseite passen zum harmonischen Grundriss des Gebäudes. Sie sind für die Person, die am Pflanztisch arbeitet, in Augenhöhe angebracht und sorgen durch die Wiederholung desselben Elements für Harmonie und Eleganz. Die großen Deckenfenster wiederum lassen noch mehr wertvolles Tageslicht herein, sodass der ganze Innenraum lichtdurchflutet wird. Außerdem sorgen sie für den erforderlichen »Treibhauseffekt«. Dieses Häuschen ist weder ein dunkler, muffiger Gartenschuppen im traditionellen Stil noch ein einfaches Glashaus, sondern eine zeitgemäße Neuerfindung eines Gewächshauses für das 21. Jahrhundert.

William Morris' Gartenschuppen

William Morris, Begründer der englischen Arts-and-Crafts-Bewegung, war ein einflussreicher Designer und Denker des 19. Jahrhunderts, der sich von organischen Formen inspirieren ließ.

Von 1860 bis 1865 lebte er im Red House unweit von London und realisierte hier seine Vision einer modernen, außergewöhnlichen Architektur. Die Innenausstattung seines Hauses hatte er selbst oder in Zusammenarbeit mit dem Präraffaeliten Edward Burne-Jones entworfen. Das Red House, an einem alten Pilgerweg zwischen Canterbury und London gelegen, war der ideale Ort, um seine Vorstellungen umzusetzen. Inspiriert von der Vergangenheit und einem einfachen, handwerklich geprägten Leben, wie es vor der Industriellen Revolution existierte, orientierte sich sein Design an europäischen Klöstern und Kathedralen des Mittelalters und den Werken Chaucers.

Morris liebte die Natur und postulierte, dass Haus und Garten als Einheit zu betrachten seien, wobei der Garten das Haus »einkleide«. Dieser kleine Schuppen, der im Lauf der Jahre ausgebaut wurde, steht zwischen den Gemüsebeeten und dem formalen Garten. Ob es sich um den Originalschuppen handelt, kann nicht mit Sicherheit gesagt werden. Auf den ursprünglichen Plänen jedenfalls war an dieser Stelle ein Schuppen verzeichnet.

Die Zeit im Red House war sehr produktiv für Morris. Er experimentierte mit neuen Tapeten- und Möbeldesigns, Buntglas, Malerei und sogar mit Poesie. Besonders faszinierten ihn die komplizierten Strukturen der Pflanzen im Garten. Im Jahr 1862 entstand hier auch seine erste Tapete mit Namen »Trellis« (Spalier).

Stil

Morris' Gartenschuppen ist ein solides, schlichtes Gebäude, das wie eine kleine Scheune aufgebaut ist. Es hat einen offenen zentralen Bereich, der in das Gewächshaus führt, den vermutlich ältesten Teil des Häuschens. Wenn man durch die Tür tritt, muss man den Kopf einziehen. Für den Schuppen wurden traditionelle Baumaterialien verwendet, wie tief gerillte Lehmziegel, eine horizontale Holztäfelung und kleine, rechteckige Fenster. Er wirkt natürlich, fügt sich nahtlos in die Umgebung und kämpft nicht gegen sie an. Die schmalen Backsteinwege, die zum Schuppen führen, korrespondieren optisch mit der Fassade des Red House. Nach Morris' Philosophie sollten die Baumaterialien immer offen sichtbar sein und nie versteckt oder verhüllt werden. Man sollte den Bau an sich würdigen.

Der Schuppen ist keineswegs in einen abgelegenen Winkel des Gartens verbannt. Er steht vielmehr getreu der Architekturphilosophie seines Gestalters, gut sichtbar mitten auf dem Grundstück und trennt locker wie ein Spalier zwei unterschiedlich genutzte Gartenbereiche voneinander.
Die ursprüngliche Einteilung des Gartens freilich gibt es jedoch nicht mehr. Der britische Denkmalschutzverein National Trust recherchiert zurzeit, wie der Garten ausgesehen haben könnte, als Morris im Red House lebte. Die meisten Experten glauben aber, dass die grundlegende Struktur und Unterteilung der verschiedenen Pflanzbereiche im Wesentlichen erhalten geblieben ist.

Schriftsteller

In diesem Kapitel werden die Lauben dreier berühmter Schriftsteller vorgestellt. Es ist interessant, dass alle drei ihre kleinen, freistehenden »Schreibschuppen« den wesentlich komfortableren Arbeitszimmern in ihren Wohnhäusern vorzogen. So wenig die drei Literaten auch sonst gemeinsam hatten – es verband sie das Bedürfnis nach einem Arbeitsraum außerhalb ihrer normalen häuslichen Umgebung. Durch den Rückzug in ihre Schreibrefugien schufen sie sich den nötigen Abstand von ihrem Alltagsleben und fanden hier jene Inspiration und Einsamkeit, die sie für ihr literarisches Schaffen benötigten.

Dylan Thomas' Hütte war ehemals eine Garage, allerdings eine mit Panoramablick auf die Flussmündung in Laugharne. Virginia Woolfs Schreibhütte bot ebenfalls einen idyllischen Ausblick, und zwar über die sanften Flussauen des Ouse auf die South Downs. Beide Schriftsteller wurden von ihrer Umgebung beeinflusst und fanden die Aussicht sehr inspirierend. Im Gegensatz dazu nutzte George Bernard Shaw ein zwischen Bäumen verborgenes Häuschen. Er ließ das Gebäude aber mit einem revolutionären Drehmechanismus ausstatten, mit dem er es nach dem Lauf der Sonne ausrichten konnte.

Alle drei Bauten sind schlicht gehalten und praktisch eingerichtet. Die spärliche Dekoration beschränkt sich auf persönliche Bilder oder wichtige Arbeitsfragmente, die an die Wand gepinnt wurden. Dylan Thomas ließ seine Texte hängen, bis sich das Papier rollte und seine Frau Caitlin sie abnahm. Auf alten Aufnahmen sieht man gut, wie unordentlich sein Schuppen war und dass überall Papier verstreut lag. Auch George Bernhard Shaws Hütte sieht heute aufgeräumter aus als auf den Originalbildern. Dagegen gibt es nur wenig Bildmaterial zum Originalzustand von Virginia Woolfs Häuschen. Der National Trust versuchte dennoch, den Raum anhand von Schlüsselelementen wie Lampe und dem charakteristischen blauen Schreibpapier der Schriftstellerin so authentisch wie möglich zu rekonstruieren.

Dylan Thomas' Schreibwerkstatt

Dieser Schuppen aus den Zwanzigerjahren steht auf Eisenstelzen am Rand eines Kliffs in Laugharne in Südwales und war ursprünglich eine Garage. Als Margaret Taylor, Dylan Thomas' Mäzenin, das Gebäude 1949 kaufte, wurde auch einiges Inventar ausgehandelt, darunter ein alter Kohleofen, ein großes Bücherregal und zwei Tische. Dylan dankte Margaret Taylor in einem Brief mit bewegten Worten: »Alles, was ich in diesem Wasser- und Wald-Raum schreibe, jedes Wort habe ich Ihnen zu verdanken.« Das Gebäude beflügelte Dylans Vorstellungskraft. Er nannte es »seinen wortbesprengten Schuppen«, »Bardenbaracke« oder, wie in seinem *Poem on his Birthday*, »das Stelzenhaus hoch oben zwischen Schnäbeln und Palaver der Vögel«.

Der poetische Charakter dieses Ortes verzaubert den Besucher noch heute, der ihm eigene Eindruck der Abgeschiedenheit und physischen Trennung vom Alltag. Die einzigen Geräusche, die man auf diesem ausgesetzten Kliff hört, sind die brandenden Wellen und der heulende Wind. Man kommt sich vor, als wäre man nicht von dieser Welt, wäre Beobachter einer zeitlosen Landschaft, in der das wechselhafte Wetter, die Gezeiten, das weite Watt und das Kreischen der Vögel den Rhythmus der Gedanken bestimmen. Wie die meisten Schriftsteller hatte Dylan seinen ganz eigenen Tagesablauf: Am Morgen arbeitete er vor sich hin, zur Mittagszeit nahm er im nahegelegenen Brown's Hotel einen Drink, und nachmittags zwischen zwei und sieben Uhr schrieb er in seinem Schuppen – und schuf hier einige seiner besten Werke.

Nach Dylans Tod 1953 hielt der Schuppen aufgrund seiner exponierten Lage auf dem Kliff dem rauen Wind und Regen nicht lange stand und verfiel. 2002 wurde er Stück für Stück abgebaut und anlässlich des 50. Todestages des Schriftstellers renoviert. Inzwischen wurde er wiederaufgebaut und unter Denkmalschutz gestellt. Auch die Einrichtung wurde einfühlsam rekonstruiert.

Lives
of the

Stil

Von außen sieht dieser einfache Holzbau immer noch aus wie eine Garage, doch seine bedeutsame Rolle in kultureller und literarischer Hinsicht verleiht ihm eine besondere Aura. Der Raum ist gemütlich, bodenständig und bequem eingerichtet, das schlichte Interieur verzichtet auf jeden Pomp. Hier herrscht ein organisiertes Chaos, in dem Dylan das, was er regelmäßig benutzte und was ihm wichtig war, stets griffbereit hatte. Heute noch stecken seine Stifte und Bleistifte in einem einfachen Marmeladenglas, der Papierkorb quillt über, und um seinen Schreibtisch herum liegen überall zerknüllte Zettel auf dem Boden, die von den Hunderten von Entwürfen stammen, die er schrieb und verwarf, bevor er ein Gedicht vollendete. An den Wänden hängen Listen mit Reimwörtern sowie Fotos und Ausschnitte aus alten Magazinen: Byron, Walt Whitman, William Blake und Modigliani – Dichter und Künstler, die er bewunderte.

Auf dem Schreibtisch liegen unfertige Arbeiten und zahllose Gedichtentwürfe verstreut. Vom Schreibtisch aus hat man einen spektakulären Blick auf die Flussmündung und Meeresbucht. Von hier aus konnte Dylan seine Frau Caitlin und die Kinder beobachten, wenn sie bei Ebbe im nassen Sand Plattfische fingen. Das Fenster wird umrahmt von ein paar schlichten, selbst genähten Vorhängen in einem warmen Senfbraun.

George Bernard Shaws Schreibhütte

Shaw war ein regelrechter Universalgelehrter, ein vielseitiger Schriftsteller, Dramatiker, politischer Aktivist, Mitbegründer der London School of Economics und früher Pionier der Fotografie. 1925 wurde ihm der Nobelpreis für Literatur verliehen, 1938 bekam er einen Oscar für sein Drehbuch zu dem Film *Pygmalion*. Von 1906 bis zu seinem Tod 1950 besaßen er und seine Frau Charlotte ein ehemaliges Pfarrhaus mit zehn Zimmern in Ayot St. Lawrence. Dort verbrachten sie lange Wochenenden und genossen die Ruhe und Weite der Landschaft.

Shaws kleiner, drehbarer Schreibschuppen war ursprünglich Charlottes Sommerhäuschen. Er steht im Garten versteckt hinter einer hohen Baumreihe an einem grasbewachsenen Weg. Hier, so heißt es, hat Shaw einige seiner besten Stücke geschrieben, darunter »Mensch und Übermensch«, »Major Barbara« und »Pygmalion«. Der Schriftsteller hatte die Hütte mit einem Drehmechanismus ausstatten lassen, damit er an seinem Arbeitsplatz der Bahn der Sonne folgen konnte. Das Häuschen dreht sich auf Rädern, die in einer Metallschiene laufen. Der Mechanismus wird manuell mit einem Hebel in Gang gesetzt.

Fotografien aus jener Zeit zeigen Shaw in feinen Zwirn gekleidet in der Holzhütte arbeitend, ein elektrisches Heizgerät zu seinen Füßen, die Schreibmaschine vor sich auf einer gefalteten Fransendecke, das Tagesbett vollgestellt mit Kisten, Koffern und Papier. Der Schuppen war seine persönliche Domäne, hierher konnte er sich vor den Menschen zurückziehen und in Ruhe arbeiten. Es gibt sogar eine Filmaufnahme von Shaws 90. Geburtstag, auf der man den Schriftsteller unbeschwert den Gehstock schwingend durch den Garten spazieren sieht.

CORONA

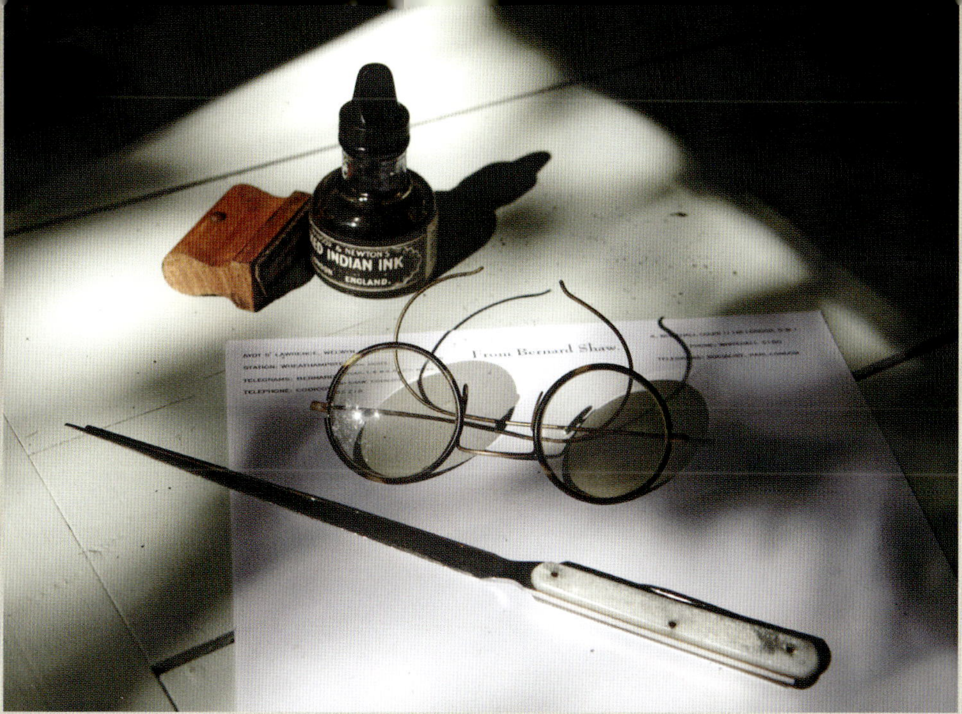

Stil

Diese kleine, kompakte Hütte steht außer Sichtweite des Haupthauses in Shaw's Corner in Hertfordshire. Durch ihre Schlichtheit hebt sie sich deutlich vom stattlichen Wohnhaus ab. Der bescheidene Raum ist puristisch ausgestattet mit einfachen Gütern des täglichen Bedarfs und bietet dennoch einige Überraschungen. Das kleine Fenster hinten lässt sich mithilfe eines raffinierten Schiebemechanismus öffnen. Dass das Häuschen mit Telefon und elektrischen Anschlüssen ausgestattet war, galt zu Shaws Zeit als unglaublich modern und innovativ. Er war unter den Ersten, die erkannten, wie nützlich die neue Technologie war, und ließ sogar einen Generator im Schuppen installieren.

Die Innenausstattung der Hütte ist unauffällig und funktional. Die Wände sind in neutralem Nilgrün gestrichen und der Fußboden mit einfachem Linoleum ausgelegt. Die sparsame Möblierung beschränkt sich auf einen Schreibtisch, ein Telefon, einen kleinen Beistelltisch und ein ausklappbares Tagesbett – ein heimeliger Raum, in dem der große Schriftsteller und Dramatiker ohne Ablenkung seiner Arbeit nachgehen konnte. In dieser beschaulichen Umgebung, in der heute noch Ringeltauben zufrieden in den Bäumen gurren, fand Shaw genügend Ruhe und Frieden, um abseits der Betriebsamkeit des Hauses seinen Gedanken nachhängen zu können.

Die kleine Schreibhütte ist außerordentlich geschickt konzipiert. Nicht nur, dass sie sich nach dem Stand der Sonne ausrichten lässt, sie fängt auch das vorhandene Licht in optimaler Weise ein. Außerdem wird die begrenzte Fläche optimal genutzt. Der Schreibtisch ist mit Scharnieren an der Wand befestigt, sodass man ihn nach oben an die Wand klappen kann. Die Beine ragen beim Aufstellen nicht in den Raum hinein, sondern sind schräg angelegt wie Wandkonsolen. Auch das Tagesbett kann man hochklappen, falls zusätzliche Fläche benötigt wird.

Virginia Woolfs Schreibhäuschen

Im Sommer 1919 kauften Virginia und ihr Mann Leonard das Monk's House in Rodmell, East Sussex, als Ferien- und Wochenendhaus. Es musste von Grund auf renoviert werden, doch Virginia gefiel der große Garten mit dem offenen Blick über die Flussniederungen des Ouse bis zu den South Downs in der Ferne.

Dieses kleine, bretterverschlagene Gartenhäuschen mit Holzschindeldach und symmetrischer Steinterrasse wurde erst 1934 gebaut, um Virginias ursprüngliches Arbeitszimmer im Haupthaus zu ersetzen. Die Laube versteckt sich unter reich beblätterten Bäumen neben einer niedrigen Natursteinmauer und der angrenzenden Kirche. Virginia freute sich auf ihr eigenes Reich, in dem sie ohne Störung würde schreiben können. »Die Türen vorne werden offen stehen, und der Blick wird bis nach Caburn reichen. Ich glaube, in Sommernächten werde ich auch dort schlafen.«

Virginias Tage folgten einem geordneten Arbeitsrhythmus. Neben ihrem Bett lagen immer ein Notizbuch und ein Bleistift. Nach dem Frühstück badete sie und las sich ihre Arbeit laut vor, bevor sie hinunter in den Garten ging und drei Stunden in ihrer Hütte arbeitete.

Das Gebäude ist bescheiden und gemütlich eingerichtet. An den Wänden hängen Fotografien und Gemälde, die das Paar mit Literatur- und Akademikerfreunden zeigen, darunter E.M. Forster, John Maynard Keynes und T.S. Eliot, wie sie vor der Hütte sitzen, sich unterhalten oder Schach spielen. Das angenehme Häuschen bereicherte ihr Leben, »in der Art eines Straßenköters, der dein Herz erobert«, wie Virginia später schrieb.

P. & O. S. N. Co.
NOT WANTE
ON
VOYAGE

Stil

Die Hütte wird auf drei Seiten vom Garten umschlossen. Durch das hintere Fenster hat man einen schönen Blick auf die Apfelbäume. Auch heute noch, siebzig Jahre nach Virginias Tod, teilt sich die darin herrschende Atmosphäre der Ruhe und Konzentration jedem Besucher mit. Der Raum ist hell und luftig eingerichtet, schlicht dekoriert mit einigen Originalstücken. Wir wissen nicht mit Sicherheit, wie er ursprünglich ausgesehen hat, aber einige Schlüsselelemente sind erhalten geblieben. Auf dem Schreibtisch liegen Virginias originale runde Schildpattbrille, ihr blaues Schreibpapier und eine Packung ihrer Lieblingszigarren neben der Lampe, an der sie immer arbeitete. Überall sieht man Erinnerungsstücke der Familie: eine alte, mit Monogramm versehene Truhe, die Leonard gehörte, bestückt mit Aufklebern von exotischen Orten, und eine Schubladenbox, in der Virginia ihre Notizen aufbewahrte, verziert mit eleganten, handgemalten Kreisen und geometrischer Kreuzschraffur. Dieses Muster ist charakteristisch für das markante Dekor der Omega-Workshop-Möbel des nahe Sussex gelegenen Charleston Farmhouse, in dem ihre Schwester Vanessa Bell lebte. Idyllische alte Aufnahmen zeigen Virginia und Freunde, wie sie bei weit offen stehenden Türen in Regiestühlen draußen vor der Hütte sitzen.

Die Schreibhütte der Virginia Woolf ist nicht nur ein literarisch bedeutsamer Ort, sondern auch ein schönes Beispiel dafür, wie es gelingen kann, einen besonderen Platz zu finden und ihn mit persönlichen Gegenständen auszustatten. Virginia Woolf betonte wiederholt, um schreiben zu können, brauche eine Frau »einen Raum mit einem Schloss an der Tür«. In ihrer kleinen Holzhütte fand sie genau die Privatsphäre und Einsamkeit, die sie brauchte.

Arbeitsräume

Schuppen, Gartenhäuser oder andere kleine Nebengebäude als Arbeitsräume zu nutzen, erfreut sich zunehmender Beliebtheit. Heute suchen immer mehr Menschen ihre berufliche Zukunft in der Selbstständigkeit. Sie gründen neue Unternehmen und brauchen dazu passende Arbeitsräume, die das Budget nicht zu sehr belasten sollen. Ein Schuppen im eigenen Garten oder ein geschickt wiederverwendetes Gebäude in einer kreativen Kommune bieten sich für solche Zwecke an. In diesem Kapitel werden einige beeindruckende Metamorphosen von Räumen vorgestellt – etwa ehemalige Frachtcontainer oder U-Bahn-Waggons –, die umgebaut wurden und jetzt als Arbeitsplätze genutzt werden.

Zwei der gezeigten Beispiele wurden speziell für in kreativen Branchen tätige Firmen konzipiert, doch auch kleine Unternehmen aus dem produzierenden Gewerbe können von cleveren Raumlösungen profitieren. So kehrte Alexei Gaylard, der seine Karriere bei einem Massenhersteller von Schuhen begann, zu den handwerklichen Wurzeln dieser Branche zurück und stellt nun in einem selbstentworfenen Ökohaus Produkte her, die er mit seinem Berufsethos vereinbaren kann. Das Haus hat ein begrüntes Dach und Mauern aus Hanfbeton, was nicht nur ökologisch wertvoll ist, sondern auch die Naturnähe der dort hergestellten Produkte unterstreicht.

Die Gartenhäuser »von der Stange«, die im Abschnitt »Trödel-Liebhaber« vorgestellt werden, regen dazu an, handelsübliche vorgefertigte Gebäude auf neue Art zu nutzen. Die Häuschen stehen im Garten ihrer Besitzer, sind unauffällig gestrichen, im Inneren bescheiden, aber mit sorgsam ausgewählten dekorativen und funktionalen Materialien und Objekten ausgestattet und bieten dennoch idyllische Rückzugsräume.

Weitere Beispiele sind der elegante moderne Schuppen in Hackney, der eine Nominierung für einen RIBA-Preis (Royal Institute of British Architects) erhalten hat, oder das Sommerbüro der Modern Architects im Stil der Dreißigerjahre in Mottistone Manor.

Container-Stadt

Matt und Sophia verkaufen PVC-beschichtete Taschen und suchten in der überfüllten Metropole London nach einer erschwinglichen Produktionsstätte. Da das Geschäft sehr schnell expandierte, brauchten sie dringend ein passendes Studio. Jede Woche verdoppelten sich die Verkaufszahlen, doch Sophia nähte die Taschen immer noch zu Hause in ihrem Schlafzimmer auf einem Ikeatisch, während sie gleichzeitig zwei weiteren Jobs nachging. Bei der Suche nach einem geeigneten Raum für ihr Unternehmen kamen Matt und Sophia auf die Idee, drei ehemals unansehnliche Schiffscontainer in ein Designstudio zu verwandeln.

Das Studio besteht aus drei zusammenhängenden Containern, bei denen die Trennwände entfernt wurden. Die ursprünglichen Ladetüren bilden nun die Seitenwände eines hübschen Balkons, von dem aus man einen herrlichen Blick über die Themse nach Greenwich hat. In die Containerwände wurden Bullaugenfenster geschnitten, die auf die maritime Vergangenheit der Frachtcontainer verweisen.

Die einzigartige Containerstadt an der Themse wurde in hellen, heiteren Farben gestrichen, um Künstlern ansprechende Räume für ihre Ateliers zu schaffen. Die bausteinförmigen Container lassen sich fünf Stockwerke hoch übereinanderstapeln und mit vertretbarem Aufwand in umweltfreundliche und solide Arbeitsräume verwandeln. Da sich beliebig große Fenster in die Blechwände schneiden lassen, herrschen in den Containern das ganze Jahr über gute Lichtverhältnisse. Letzten Endes aber ist es der Fluss, der die Atmosphäre bestimmt. Großflächig reflektiert er das Licht, und wenn im Laufe des Tages der gezeitenstarke Flussabschnitt stiller wird, herrscht hier eine »Ruhe wie aus Glas«.

Stil

Matt und Sophias markanter Stil folgt ganz dem Geschäftsprinzip der beiden: Die Materialien sollen für sich selbst sprechen, und die Dinge dürfen nicht zu kompliziert sein. Die Einrichtung des Studios, die leuchtenden Farben und lebhaften Muster, die unübersehbaren skandinavischen und japanischen Einflüsse passen ebenfalls in dieses Konzept. Die Taschenproduzenten sammeln hier alles, was ihnen ins Auge sticht und die Fantasie anregt: So haben sie mit Resten alter Tapeten kleine Wandabschnitte dekoriert. Nach und nach haben Matt und Sophia eine ganze Reihe von Gegenständen zusammengetragen und mit sicherem Geschmack zusammengestellt. Die improvisierte Sammlung formt ständig neue Stillleben, ihre willkürliche Anordnung ist eine wichtige Quelle der Inspiration.

In diesem Raum werden die Stoffe für den Zuschnitt aufbewahrt, Musterproben hängen an der Wand, in der Mitte steht als zentrales Element der große Zuschneidetisch. Recycling spielt im Leben von Matt und Sophia eine wichtige Rolle, und so haben sie auch die meisten ihrer Maschinen gebraucht gekauft oder vor der Verschrottung gerettet.

Das Studio hat sich natürlich und spontan entwickelt und spiegelt die Persönlichkeit der beiden Inhaber wider. Es ist ein Arbeitsplatz, an dem man sich wohlfühlt, ein wohnlicher Raum, dem man nicht ansieht, welches Produktionsvolumen darin bewältigt wird. Im Laufe der Zeit hat sich das Studio in ein zweites Zuhause für Matt und Sophia verwandelt. Das Ledersofa zum Beispiel trägt dazu bei, dass ein gemütlicher Lounge-Bereich entstand.

Wenn man sich einen Raum außerhalb seines eigentlichen Zuhauses schafft, kann man mit den verschiedensten Gestaltungsmöglichkeiten spielen. Dabei ist es gar nicht wichtig, dass alles zusammenpasst. Im Gegenteil: Wenn man konsequent Dinge zusammenträgt, die man mag, Stile mixt und dem eigenen Geschmack treu bleibt, ergeben sich oft unerwartete Kombinationen. Allein die Tatsache, dass man sich keinen Zwang auferlegt, hat schon etwas Kreatives.

Es macht Spaß zu sehen, wie Matt und Sophia hier ihrem eigenen Gestaltungsinstinkt folgen. Man beachte die bunte Mixtur von Tapeten oder die Topfpflanze, die dank der bunten Lichterkette und Kunstblumen zum ganzjährigen Weihnachtsbaum wird. Die runden Formen der Kette harmonieren mit den kreisförmigen Löchern in der Rückenlehne des grünen Plastikstuhls auf dem Balkon und dem Bullaugenfenster – der Zufall ist doch eine wundervolle Sache.

Trödelliebhaber

Wenn man in einer Großstadt lebt, muss man sich unweigerlich deren räumlichen Gegebenheiten anpassen. Und wenn man noch dazu zu Hause arbeitet, spürt man den Platzmangel umso mehr. Für Artemis und Nao hieß die Lösung Gartenhäuschen. Dieses junge Unternehmerpaar besitzt gleich zwei Gartenhäuschen, von denen aus es seine diversen Firmen, darunter Rust, eine Schmuckfirma mit Laden in Japan, und Bucket Tree, einen Online-Shop für nostalgische Kleidung und Haushaltswaren, führt. Artemis betreibt außerdem noch den erfolgreichen und vielbeachteten Lifestyle-Blog »junkaholique« (Trödelliebhaber). Sie hatte als Erste die Idee, ein Gartenhaus geschäftlich zu nutzen, und Nao war so davon angetan, dass er sich auch eins anschaffte. Darin lagert er Lederwaren, die dann online verkauft werden. »Wenn man mit jemandem zusammenlebt, muss man Entscheidungen gemeinsam treffen«, meint Artemis. »Doch das Gartenhaus bedeutet für mich, dass ich mein eigenes Ding machen und mich frei entfalten kann.«

Der liebevoll mit Kies bestreute Innenhof, in dem die Gartenhäuser stehen, führt durch ein klappriges Tor auf eine große Wiese mit idyllischer Aussicht, die dem Hof ein Flair von Weite und Freiheit verleiht. Die unscheinbaren, handelsüblichen Häuschen sind innen wie außen komplett in einem dezenten Antikgrau gestrichen, sodass sie nicht mehr wie billige Baumarktware, sondern fast wie moderne Künstlerateliers wirken. Dabei messen die Arbeitsräume nur 1,20 auf 1,80 Meter und sind dennoch perfekt für Artemis und Nao. Die begrenzte Fläche zwingt dazu, alles einfach und ordentlich zu halten. In diesen kleinen, einladenden Schuppen werden Webarbeiten an alten Webstühlen gefertigt, alte Kleidung und Textilien von Garagenverkäufen und Flohmärkten professionell aufgearbeitet, und von hier aus werden mehrmals wöchentlich Blogbeiträge geschrieben.

2873
VINTAGE
LONDON EC1

Stil

Dieses kreative Paar hat sich aus herkömmlichen Gartenhäusern zwei einzigartige Arbeitsräume geschaffen. Die Häuser sind so aufgestellt, dass sie nach vorne miteinander korrespondieren und die Fenster nach hinten auf die Wiese weisen. Innen hat alles seinen festen Platz. Alte Garnrollen und Holzspulen werden in Gläsern aufbewahrt, was nicht nur hübsch anzusehen, sondern auch praktisch und übersichtlich ist. Stoffreste sind ordentlich aufgerollt, um später für eine Tasche, ein Handtäschchen oder ein Deko-Objekt wiederverwendet zu werden. Artemis und Nao achten auch auf schöne und funktionelle Details. Artemis zum Beispiel bearbeitet alte Textilien gern mit reinem Baumwollfaden anstatt mit dem modernen Äquivalent aus Polyester. Ein solcher Faden würde das Original verfälschen und »anders auf dem Stoff sitzen«. Der Baumwollfaden ist fein gesponnen, schimmert leicht und verbindet sich optimal mit den zarten Stoffen.

Detailtreue und Authentizität spielen für diese beiden kreativen Menschen eine wichtige Rolle. Sieht man sich ihre Häuschen genauer an, erkennt man die Grundlagen ihres Geschmacks und ihrer Arbeit: die Vorliebe für den japanischen Stil, kleine Blumendrucke in geometrischen und natürlichen Formen, kombiniert mit englischen Stoffen aus den Dreißiger- und Vierzigerjahren.

Ein persönlicher Stil entsteht letztendlich durch das ausgewogene Verhältnis von Vielfalt, Wiederholung und Schwerpunkt. Und das kann man nur erreichen, indem man bis ins Detail eigene Vorlieben und Interessen entwickelt und ausformt. Aber Vorsicht, die Idylle, die diese hübschen Häuschen ausstrahlen, die sich da in den Hof hineinkuscheln, ist trügerisch. So einladend und gemütlich diese schönen Gartenhäuschen auch aussehen mögen – es handelt sich um erstaunlich produktive Manufakturen von Qualitätstextilien. Solche Werkstätten sind eine echte Anregung für Kreative.

Die Stadtoase in Hackney

Für dieses gelungene Gartenhaus in Ostlondon wurde der talentierte junge Architekt Gurmeet Singh 2011 für einen Architekturpreis nominiert. Der talentierten Gestalter betont, sein Design bestimme »kein Stil, sondern eine Haltung«. Er ist im Grunde Modernist, doch seine Arbeitsweise ist »eher geprägt von der Komplexität der ihm gestellten Aufgabe und der Suche nach nachhaltigen Lösungen mit geringer CO_2-Bilanz, als davon, sich einem bestimmten Stil zu unterwerfen«. Und mit diesem Konzept ist Gurmeet erfolgreich. Er pflegt eine enge Beziehung zu seinen Kunden, aus der dann immer wieder neue lohnende und interessante Projekte entstehen.

Die Besitzer dieses Gartenhauses, ein Filmemacher und ein Autor, suchten einen ruhigen Ort, an dem sie ohne Störungen arbeiten können. Sie gaben ein Studio in Auftrag, in dem sie ihre Computer aufstellen, Bücher unterbringen, ihren Garten genießen und abends mit Freunden feiern können. Gurmeet fertigte Skizzen an und baute Modelle, doch das Budget, das ihm zur Verfügung stand, war relativ gering, und das Haus musste den örtlichen Bauvorschriften entsprechen. Um die Wunschliste seiner Kunden zu erfüllen, beschloss er, mit verschiedenen Materialien zu experimentieren. Auf diese Weise schuf er eine »funktionale und warme Stadtoase«, die ökonomisch, nachhaltig und schön anzusehen ist.

Stil

Wenn man ein Bauprojekt durchführt, muss man immer sorgfältig kalkulieren, wofür man Geld ausgibt. Das luxuriöse Extra hier sind – nicht nur in finanzieller Hinsicht – ein Paar mit Eichenholz gerahmte, raumhohe Glastüren, die ganz zur Seite aufklappbar sind und den Blick in den Garten freigeben. Sie haben nicht nur einen hohen Gebrauchswert, sondern sind auch hochästhetisch und damit eine gelungene Verbindung von warmem Holz und cleverem Lichteinsatz.

Gurmeet achtete sehr auf die Auswahl und den Einsatz der Materialien, um eine schöne und interessante Raumwirkung zu erzielen. Einfaches Sperrholz wurde hier für die Wandtäfelung so elegant verbaut, dass die wenigen Astlöcher symmetrisch in einer Reihe liegen. Es ist schön zu sehen, wenn ein so einfaches Holz, mit simpler Öllasur behandelt, so fein und präzise verwendet wird.

Isolation und Belüftung des Gartenhäuschens sind ausgezeichnet, sodass der Raum den ganzen Tag und das ganze Jahr hindurch nutzbar bleibt. Abends fallen Lichtsprenkel durch die Kronen der Bäume, morgens wird der Raum von Sonnenlicht durchflutet. Beachtenswert sind auch die raffinierten Dachfenster, die sich über die ganze Länge des Hauses erstrecken. Durch sie fällt sanftes Licht auf die darunter stehenden Bücherregale. Die horizontalen Linien der Dachlatten gehen vertikal in jene der Bücherregale über und strukturieren den Raum.

The Shack
Welcome to the Shack

Die Architektenhütte in Mottistone

Das Häuschen in Mottistone hat sich nur wenig verändert, seit es in den Dreißigerjahren als Sommersitz und Zeichenbüro der »Modern-Movement«-Architekten John Seely und Paul Paget erbaut wurde. Es ist ein herrliches Beispiel für diesen Stil und liegt versteckt in den Gärten von Mottistone Manor, die in einem experimentellen mediterranen Stil bepflanzt wurden. Die berühmtesten architektonischen Leistungen von Seely und Paget sind vermutlich Eltham Palace, ihr Art-Déco-Meisterstück, und die Restaurierung der St. Paul's Kathedrale nach dem Zweiten Weltkrieg. Als ihr Aritekturbüro zu florieren begann, schufen sie sich ein Ausweichbüro auf dem Land, ein Refugium fernab des Stadtlebens, in dem sie Ruhe und Inspiration finden konnten.

Die Hütte wurde von einer Baufirma vor Ort, J.R. Buckett & Sons, zunächst auf dem Freshwater Golfplatz mit Blick auf den Englischen Kanal errichtet. Da der Standort jedoch wenig Windschutz bot, wurde sie 1938 auf den ehemaligen Tennisplatz von Mottistone Manor versetzt, das damals John Seelys Vater gehörte. Seely und Paget nutzten das Projekt, um ein kleines architektonisches Juwel zu schaffen, bei dem sie die Gestaltungsgrundsätze des Modern Movements verwirklichten und die modernsten Materialien einsetzten, die zu jener Zeit verfügbar waren.

Das Häuschen ist klein, aber ausnehmend gut durchdacht. Es gibt ein gemeinsames Bad mit Dusche auf der einen und eine kleine Küche auf der anderen Seite des Hauses und einen Schreibtisch und ein Hochbett für jeden der beiden Architekten. In der Mitte stehen im gemeinsamen Wohnbereich ein Kamin mit Ofenrohr aus gebürstetem Edelstahl und zwei einander zugewandte Sessel von »Plan & Parker«. Die Zedernschindeln, die die Hütte von der Dachspitze bis zu den Grundpfeilern bedecken, sind eine natürliche, umweltfreundliche Verkleidung, wodurch sich das Häuschen farblich wunderbar in den Garten einfügt.

Stil

Das Innere des Architektenhäuschens ist kompakt und praktisch. Wie eine Schiffskabine mit zwei Schlafkojen wirkt es gemütlich, beruhigend und solide. Die verwendeten Materialien harmonieren miteinander und schmeicheln dem Auge. Auf dekorative Elemente wurde weitestgehend verzichtet, um nicht von den eleganten Flächenaufteilungen und Materialien abzulenken.

Das Gebäude ist symmetrisch aufgebaut. Zwei einfache Hochbetten mit identischer Leselampe sind direkt unter das Dachgesims eingebaut. Die Röhrenleitern aus Chrom, die hinaufführen, waren damals hochmodern, so wie vieles an diesem innovativen Gebäude, das moderne Materialien und neue Technologien aufnimmt, auch wenn diese aus anderen Branchen als dem Bauwesen stammen.

Die Einbaumöbel unterstreichen die klaren Linien der markanten Architektur und nutzen die zur Verfügung stehende Fläche optimal. Seely und Paget verwendeten nur eine begrenzte Material- und Farbpalette und erzielten damit ein sehr stimmiges Ergebnis. Es wurde überwiegend Walnussholz eingesetzt, dessen warmer Braunton gut mit der Decken- und Wandvertäfelung aus Holzfaserplatten harmoniert, die 1924 gerade in Amerika erfunden worden waren. Das Holz ist glatt und geschmeidig und verleiht der Hütte, genau wie der Korkbodenbelag, das charakteristische Flair der Dreißigerjahre.

Zurzeit gehört die Hütte dem National Trust, der sie sorgfältig restauriert und dabei die Fensterläden außen in ihrer nilgrünen Originalfarbe gestrichen hat. Dieser Anstrich harmoniert auch sehr gut mit dem grünlichen Ton der verwitterten Zedernschindeln.

Village Underground

Hoch über der Shoreditch High Street und den verworrenen Einbahnstraßen des Londoner Ostens stehen vier farbenfrohe ausrangierte U-Bahn-Waggons der Jubilee Line. Die spektakuläre Aussicht aus der Fahrerkabine ist nichts für Leute mit Höhenangst. In diesen U-Bahn-Waggons hat man das Gefühl, einen Hochbahn-Zug zu fahren, an dem die Welt draußen vorbeirast. Village Underground heißt das stolze Entwicklungsprojekt im Herzen Londons, das ein außergewöhnliches Arbeitsumfeld für Künstler und Kreative bildet. Hinter diesem Projekt stand die Idee, umweltfreundliche und bezahlbare Studios für junge Kreativteams und freiberufliche Designer, Schriftsteller, Künstler, Musiker und Filmemacher zu schaffen, in denen sie arbeiten und sich von Gleichgesinnten inspirieren lassen können.

Das Motto im Village Underground lautet »Wiederverwendung vor Wiederverwertung«, und so wurden die mit Graffiti bemalten U-Bahn-Waggons und die Frachtcontainer nicht verschrottet, sondern einer neuen Bestimmung zugeführt. Die vordere Fahrerkabine dient als Treffpunkt. Ihr herrlich funktionales Design ist allein schon ein Kunstwerk und wert, restauriert zu werden. Die bunten Schaltknöpfe, das alte Telefon und die Mokettpolsterung aus den Siebzigerjahren mit ihrem großen, geometrischen Muster sind faszinierend. In diesem skurrilen Dorf hat man das Gefühl, sich in einer Zeitschleife zu befinden.

Stil

Die einst im Linienbetrieb eingesetzten Waggons stehen nun auf einem unbenutzten Eisenbahnviadukt. Die Sitze der Waggons wurden entfernt und durch schmale Schreibtische ersetzt, auf denen nun zwischen Laptops Topfpflanzen und Orchideen leuchten. Alles hier wirkt ein wenig unordentlich, aber es ist dieses wunderbare kreative Chaos, das entsteht, wenn man seinem Stern folgt und sich auf neue Ideen und Projekte konzentriert.

Das Village Underground leistet auch einen großen Beitrag zum Umweltschutz. Es ist ein ökologisches Projekt, bei dem alte Böden, Möbel und Treppen wiederverwendet wurden. Das multifunktionale Gründach erhöht die Artenvielfalt, produziert Sauerstoff und isoliert effektiv. Es reduziert den Brennstoffverbrauch und minimiert dadurch die Auswirkung der Gebäude auf die Umgebung. Die Studios sind praktisch CO_2-neutral. Der für Beleuchtung, Computer und Büroausstattung nötige Strom wird aus Solarkraft generiert. Zusätzlicher Strom kommt von Windturbinen. An grauen Wintertagen ist es allerdings ziemlich kühl hier, aber dieses kleine Manko wird durch die Inspiration wettgemacht, die man erfährt, wenn man von Kreativen verschiedenster Fachrichtungen umgeben ist.

Die Schusterwerkstatt

Alexei Gaylard gründete seine ökologische Schuhmanufaktur wie viele Selbstständige in einem kleinen Arbeitszimmer zu Hause. Doch bald brauchte er mehr Platz, um sein Unternehmen auszubauen. Was lag näher, als seinen großen Garten zu nutzen? In TV-Dokumentationen waren selbstgestaltete Ökogebäude vorgestellt worden, und es reizte ihn, selbst so ein Haus zu entwerfen und zu gestalten. Auf diese Weise entstand eine selbst entworfene Werkstatt inklusive Büro.

Der Entwurf, der als Skizze auf einem Briefumschlag begann, entwickelte sich stetig und auf organische Weise weiter. So richteten sich die Gebäudemaße beispielsweise nach ein paar Flügeltüren, die Alexei bei einer Online-Auktion erstanden hatte. Gründach, Hanfbetonmauern und Kalkputz zeugen von seiner Begeisterung für ökologische Lösungen. Seine Grundsätze verdankt Alexei jahrelangen Erfahrungen in indischen Schuhfabriken. Dort fertigten die Angestellten ihre Schuhe nicht mit hochautomatisierten Maschinen, sondern mit einfachen Werkzeugen, aber umso größerem handwerklichem Geschick. Seine Firma produziert und verkauft Schuhe, die aus traditionellen Materialien mit recycelten Lederriemen und Latexsohlen von Schnittabfällen hergestellt werden.

Stil

Aus Alexeis Umweltbewusstsein und seinem ausgeprägten Sinn für Nachhaltigkeit und Details heraus ist dieser helle, luftige Arbeitsplatz entstanden. Dieses schlichte Gebäude fügt sich mit seinem frischen, modernen Design und dem ausladenden Dach wunderbar in den Garten ein.

Die großen Flügeltüren auf der Nordseite lassen reichlich Licht in die Werkstatt. An kalten Wintertagen sorgt ein Heizgerät für angenehme Raumtemperaturen. Wände und Boden im Innenraum sind weiß, das minimalistische Dekor wird mit einigen Antiquitäten aufgelockert. Allein die Maschinen zur Schuhproduktion sind eine Zierde. Die 40 Jahre alte Säulennähmaschine von Singer, die Alexei im Internet erstand, steht wie ein Stillleben auf einem schlichten weißen Arbeitstisch unter einem dunklen, atmosphärischen Gemälde. Auf den Schränken, in denen gebrauchsfertige Sohlen und Werkzeuge aufbewahrt werden, stehen Schuhe wie Skulpturen.

Die Ausstattung ist zum Großteil gebraucht gekauft oder selbstgebaut, etwa die Sohlenpresse aus Sperrholz und das mit Adzukibohnen gefüllte, lederüberzogene Druckstück, mit dem die Sohlen geprägt werden. All diese simplen, aber effektiven Lösungen wurden von Alexei persönlich entworfen und von seinem Vater gebaut. Die Werkstatt ist ein wunderbares Beispiel für die Verbindung von geringem Energieverbrauch und hoher Kreativität.

Auszeit

Kleine Häuser und Hütten können Ausdruck einer tiefen Sehnsucht nach der Flucht vor dem Materialismus der modernen Welt sein. Sie berühren etwas, das tief in unserer Psyche verborgen liegt, denn die archaische Blockhütte in der Wildnis ist ein Archetypus vieler Kulturen. Die meisten Menschen verknüpfen mit Hütten aber auch persönliche Erinnerungen an idyllische Familienurlaube am Meer oder in malerischen Dörfern, die sie mit ihren eigenen Kindern gerne wiederholen wollen.

Es ist kein Zufall, dass vier der hier vorgestellten Hütten an der Küste stehen. Sie reichen von der einfachen Strandhütte bis hin zu Nina Tolstrups elegantem modernem Strandhaus, das die physische Manifestation der Werte ist, die die Designerin in ihrer gestalterischen Arbeit zum Ausdruck bringt.

Die anderen beiden Häuschen könnten unterschiedlicher nicht sein. Sie sind moderne Beispiele für den sprichwörtlichen Pioniergeist, der einen Menschen dazu treibt, ein abgeschiedenes Stück Land zu suchen und darauf sein persönliches Refugium zu errichten. Das »Dauercamp« im Australischen Busch wurde angeregt durch die idyllischen Campingausflüge, die der Besitzer der Turmhütte in Kindertagen in der Region verbracht hatte. Die Hütte in West Virginia wiederum ist ein bemerkenswertes Beispiel für professionell gestaltete Schlichtheit in einer beeindruckenden Landschaft. Beide Häuser fordern von ihren Bewohnern eine ausgeprägte Liebe zur landschaftlichen Abgeschiedenheit, die wesentlich den Reiz und die Attraktivität dieser Gebäude mitbestimmt.

Der Traum, sich eine Auszeit zu gönnen von der täglichen Hektik des Stadtlebens und einen schlichten, auf die Befriedigung der Grundbedürfnisse reduzierten Lebensstil zu pflegen, ist für die Glücklichen, denen diese wunderbaren Hütten gehören, bereits Realität geworden.

Das Strandhäuschen in Kent

Nina Tolstrup vermisste die entspannte Lebensart ihrer dänischen Heimat, und so machte sich die renommierte Produktdesignerin, die im Londoner East End lebt und arbeitet, auf die Suche nach einem Ort, an dem sie sich entspannen und erholen konnte. Sie hatte keine feste Vorstellung davon, was genau sie suchte. Ihr Refugium sollte lediglich zu ihrem Designstil passen, seinen Zweck erfüllen und in weniger als einer Stunde zu erreichen sein. Sie erwog, entweder eine kleine Hütte zu kaufen oder einen Obstgarten, in den sie einen Oldtimer-Caravan würde stellen können. Beim Durchblättern eines Auktionskatalogs stieß sie eines Tages auf ein Strandbaugrundstück in Kent, das genau die richtige Entfernung von London hatte. In Dänemark sind Strandhäuser weit verbreitet, und Nina empfand es als Glücksfall, in England ein passendes Objekt zu finden. Es gab kein Zurück mehr. Innerhalb einer Woche verkaufte sie ihre Wohnung in Kopenhagen und erwarb das Grundstück.

Nun aber musste Nina ihr Können als Designerin unter Beweis stellen. Dänen pflegen Probleme pragmatisch anzugehen, und das erste Problem war die räumliche Enge des kleinen Grundstücks. Es war nicht einfach, auf den wenigen Quadratmetern Küche, Bad, Wohnzimmer und Schlafplätze für zwei Erwachsene und vier Kinder unterzubringen. Problematisch waren auch die Nähe der traditionell gebauten Nachbarhütten und die rigiden Bauvorschriften, die beachtet werden mussten. Gleichzeitig wollte Nina freie Aussicht genießen und Licht und Luft in ihrer Hütte haben. Sie meisterte all diese Herausforderungen mit Bravour und schuf ein Refugium am Meer, das dank seines minimalistischen Interieurs trotz seiner geringen Größe geräumig wirkt und allen Anforderungen gerecht wird.

Stil

Ninas Strandhütte ist schlicht und homogen gestaltet. Die zurückhaltende Farbwahl und Verwendung einheitlicher Materialien verleihen dem Gebäude etwas Reines und Unverfälschtes. Die Außenfassade verkleiden Zedernholzschindeln, Boden, Wände und Decke im Inneren wurden aus quer verlegtem Pinienschnittholz gebaut. Nach diesem Holz hat Nina lange gesucht. Sie befühlt noch heute gerne die handbearbeiteten Oberflächen des Materials, das Wärme ausstrahlt und die Hütte mit dem zarten Duft von frisch geschnittenem Holz erfüllt.

Auch für die Stauräume, die Schränke und Möbel wurde ausschließlich Holz verwendet, und im Winter sorgt ein Holzofen für kuschelige Wärme. Die kleinen Holzstühle lassen sich gut aufeinanderstapeln, und an den Wänden sind Haken angebracht, an denen alles hängt, was nicht unmittelbar gebraucht wird. Einen kräftigen Farbakzent setzt das rote Sofa aus den Sechzigerjahren, das Nina auf einem Markt in London entdeckt hat.

In dem schlichten Gebäude gibt es zwei große Fenster. Die Wand auf der Strandseite hat Schiebetüren und besteht komplett aus Glas. Dahinter liegt die bewegte, sich ständig ändernde Strandszene, die an die Gemälde von William Turner erinnert. Im Schlafbereich im Zwischengeschoss bietet ein langes, schmales Fenster freien Blick auf den Kiesstrand und die dahinterliegende grüne Hügellandschaft.

Die Strandhütte in Frinton

Dass eine Reihe farbenfroher Strandhütten Ferienstimmung erzeugt, ist verständlich. Doch in Johannas Fall hat sie ihr Leben komplett verändert. Die Hütte in Frinton liegt nur dreißig Autominuten von Johannas Wohnort entfernt, sodass sie sich wunderbar für Tagesausflüge eignet. Hier können ihre Kinder ungestört an der frischen Luft spielen. Dass Johanna heute glückliche Besitzerin dieser Hütte ist, verdankt sie einem Zufall. Als sie eines Tages mit dem Auto unterwegs war, stieg sie kurz aus, um das klare, strahlende Licht und den Sandstrand dieser typischen altmodischen Küstenstadt zu genießen. Dabei fiel ihr Blick in das Fenster eines Immobilienmaklers. Sie sah, dass Strandhütte Nummer 345 zu verkaufen war, und griff spontan zu. Nach drei Wochen waren alle Formalitäten erledigt, und das Häuschen gehörte ihr.

Das Leben verläuft jedoch nicht immer in geraden Bahnen, und so gab es anfangs ein paar Rückschläge. Unglücklicherweise wurde die Hütte durch einen Brandanschlag komplett zerstört, sodass sie von Grund auf neu aufgebaut werden musste. Im Nachhinein erwies sich das aber fast als Glücksfall, denn so entstand sie in alter Form, aber neuem Glanz. Drei Jahre lang suchte Johanna akribisch nach nostalgischen Stücken und dekorierte die Hütte mit Geschmack und Erfolg.

Eine Strandhütte ist zeitlos und idyllisch, sie verbindet Generationen und versetzt uns zurück in ein ruhigeres Leben, das es im Alltag längst nicht mehr gibt. »So seine Kindheit zu verbringen, ist ideal«, schwärmt Johanna. »Meine Kinder lieben den Strand, sie haben hier jede Menge Freiheit. Vor allem die Kleinste baut gern Sandburgen und kurvt mit dem Tretrad herum.« Egal welches Wetter oder welche Jahreszeit herrschen, am Meer kann man immer etwas unternehmen.

Stil

Johanna hat ihre Strandhütte in einem frischen, maritimen Stil gestaltet. Da die richtige Mischung zu finden ist nicht leicht, denn zu viele thematisch übereinstimmende Elemente wirken leicht unauthentisch. Johanna aber kombinierte mit viel Geschick alte Familienstücke, die sie und ihr Mann geerbt hatten, mit skurrilen Dingen aus Trödelläden. Das hübsche Küchenbüfett aus den Fünfzigerjahren schmücken große Tassen, die klassischen Esszimmerstühle wurden gestrichen und mit modernen, kindgerechten Stoffen überzogen. Diese bezaubernde Mischung aus Trödel- und Familienerbstücken ergibt einen perfekten Retrostil.

In dieser farbenfrohen Strandhütte unterbricht das herrlich frische Sonnengelb des Resopaltischs aus den Sechzigerjahren das blau-weiße Farbschema. Die kräftigen Farbkontraste zeigen, dass ein wenig Mut nicht schadet und dass man bei der Farbwahl nicht allzu zurückhaltend sein muss. Ein paar pfiffige Elemente, wie nostalgische Dosen und Souvenirs der königlichen Familie, setzen weitere interessante Akzente.

Johannas Strandhütte funktioniert auf vielen Ebenen. Hier kann die ganze Familie eine Auszeit vom Alltag nehmen und Johanna ihre Kreativität ausleben. Die Hütte verströmt ein Gefühl von Nostalgie und wirkt gleichzeitig frisch und modern. Alles erscheint schlicht und authentisch und ungekünstelt. Schließlich kann man, wenn man wie hier die Möglichkeit hat, einen Raum außerhalb seines Zuhauses zu gestalten, unbekümmert mit neuen Ideen und Stilen experimentieren.

Das Strandhaus in Schweden

Dieses ländlich wirkende Refugium steht auf einer schwedischen Insel und wird als Ferienhaus genutzt. Doch der Eindruck von Abgeschiedenheit täuscht, denn in Wahrheit liegt das stilvolle Holz- und Glashäuschen nur eine Stunde vom hektischen Treiben der Großstadt Stockholm entfernt. Das schlichte, minimalistische Design dieser edlen Hütte fügt sich nahtlos in die Umgebung mit ihren langen Gräsern, moosbedeckten Hügeln und dunklen Tannen ein. Eine fünfhundert Jahre alte Eiche mit großen, knorrigen Ästen, die all die Jahre der rauen Natur getrotzt hat, bewacht das Haus.

Als die Besitzer das Feriendomizil konzipierten, hatten sie nicht nur ihre persönlichen Bedürfnisse zu berücksichtigen. Denn sie wollten keine pompöse Villa bauen, sondern ein dezentes Gebäude, das im Einklang mit der Natur steht. Die Holzterrasse wurde so angelegt, dass sie wie von selbst Steine und Felsen umläuft. Auch die Außensauna, direkt am Wasser gelgen, wirkt organisch und wie ein Teil der Natur.

Das Haus ist nur mit dem Boot erreichbar. Wenn man näher kommt, wirkt es klein und unscheinbar, als wolle es sich verbergen. Doch beim Betreten erweist es sich als erstaunlich weitläufig und geräumig. Es wird hauptsächlich als Sommerhaus genutzt, doch auch im Winter geht ab und zu eine Fähre. Da es auf der Insel weder Autos noch Geschäfte gibt, müssen die Besitzer sämtliche Vorräte mitbringen. Dafür genießen sie hier ein einfaches, ruhiges Leben. Es ist kein Wunder, dass sie nichts hierher mitbringen, das sie an ihre Arbeit erinnert. Dieser Ort ist ein kleines Paradies für die Kinder und Freunde, die gern angeln, im Wasser planschen, in der Sauna entspannen, auf der Terrasse liegen oder den Grill anwerfen.

Stil

Die Besitzer dieser edlen Hütte mögen kein Durcheinander und bringen den täglichen Krimskrams in einem separaten Stauraum unter. Sie bevorzugen im Innenraum einen puristischen, luftigen Stil, denn visuelle Highlights bietet die Natur auf der anderen Seite der breiten Fensterfront in Fülle. Bei einer so beeindruckenden Landschaft braucht man keinerlei Blickfang im Innenraum. Umgekehrt haben auch die Wildtiere freien Blick auf die Menschen drinnen.

Bis zu einem gewissen Grad hatte die Natur auch bei der Gestaltung des Hauses die Hand im Spiel. Holzverkleidung, Boden und Holzmöbel wurden bewusst dem natürlichen Verwitterungsprozess ausgesetzt. Es gibt hier weder Zäune noch Mauern, alle Begrenzungen sind naturgegeben und wesentlicher Bestandteil der Umgebung.

Dieses Haus ist eine Edelvariante der vielzitierten Blockhütte in der Wildnis, ein perfektes Schlupfloch, um sich mit der Familie zurückzuziehen und wertvolle Zeit miteinander zu verbringen, sei es in dem riesigen Koch- und Wohnbereich oder draußen auf der Terrasse. Die Schlafzimmer sind schlicht, im Blockhausstil gestaltet und mit Schiebetüren versehen. Große Panoramafenster lassen viel Licht herein und verbinden auch im Schlafbereich den Innenraum mit der Natur.

Das Strandchalet in Cornwall

Eingebettet in eine wunderschöne Küstenlandschaft, in der Ginster und Helmgras auf wellenförmigen Sanddünen wachsen, steht eine Gruppe schmucker Ferienchalets mit Blick auf die Surfstrände. Die Gegend zeigt zwar noch Spuren ihrer industriellen Vergangenheit, aber nachdem die Hochspannungsmasten und Fabriken nach und nach abgerissen wurden, dreht sich hier fast alles um Freizeit und Erholung.

Als Angie und ihr Partner dieses Chalet aus den Dreißigerjahren entdeckten, waren sie sofort begeistert. Doch die viele Arbeit, die nötig war, um es gründlich zu renovieren, schreckte sie zunächst vom Kauf ab. Ein Jahr später aber hatten beide das Gefühl, dass sie ein solches Refugium dringender brauchten denn je. Sie mussten die Hütte einfach haben.

Das Chalet liegt nur 15 Autominuten vom Hauptwohnsitz der Besitzer entfernt und ist damit der perfekte Ort für eine Auszeit von der täglichen Plackerei. So oft es geht, flüchtet das Paar in sein kleines Domizil in den Dünen und genießt hier ein wenig Urlaubsgefühle – selbst wenn es nur ein kurzer Aufenthalt am Ende eines Arbeitstages ist.

Jetzt, da alles fertig ist, findet Angie in dem Häuschen »enorm viel Erholung. Es hat eine besondere Aura. Sobald wir ankommen, empfinden wir Ruhe und Frieden«.

Stil

Bei der Renovierung des Gebäudes sollten die ursprüngliche Optik und Atmosphäre so gut wie möglich erhalten werden. Diverse Vorbesitzer hatten das Haus im Lauf der Jahre modernisiert, hatten die Originalvertäfelung mit Hartfaserplatten abgedeckt und Kunststofffenster eingesetzt. Nun wurden die Wände wieder vorwiegend mit Nut-und-Feder-Holz getäfelt.

Man braucht viel Fingerspitzengefühl, um ein altes Gebäude so sensibel zu renovieren und zu restaurieren, dass am Ende kein Museumsstück, sondern ein bewohnbarer Raum herauskommt. Man muss sorgfältig abwägen, welche Elemente man restauriert und welche man erneuert, um die richtige Balance zwischen dem Respekt vor dem Original und den Wohnbedürfnissen der Zukunft zu halten. Diese schwierige Aufgabe wurde hier glänzend gelöst. Das Chalet ist modern, komfortabel, und sein ursprünglicher Charme blieb dennoch erhalten.

Das Interieur ist dezent und wohltuend. Angie griff für die Innengestaltung die Farben der weiten Landschaft auf. Sie wählte für den Wandanstrich bewusst neutrale Farben und für die Oberflächen der Möbel durchgehend sanfte Töne in Matt oder Seidenmatt. So wirkt der Raum beruhigend, dezent und stets wie von Morgenlicht durchflutet.

Das Turmcamp in Mudgee

Auf einer einsamen Schafstation in Neusüdwales ragt dieses imposante, kupferummantelte Gebäude wie ein Wachturm aus dem australischen Busch. Das Haus liegt auf einer Anhöhe, umgeben von alten, toten Bäumen, und bietet eine erstaunliche Aussicht, die kilometerweit bis zu einer Gebirgskette am fernen Horizont reicht. In dieser weiten Landschaft ändert sich nur der Himmel, denn weit und breit gibt es keine Menschenseele.

Der Besitzer, ein Grafikdesigner, kaufte 800 Hektar dieser märchenhaften Wildnis, um dort ein Gebäude zu errichten, mit dem er das Flair der wunderbaren Campingausflüge seiner Kindheit einfangen konnte. Der Campingturm wurde für zwei Leute konzipiert und hat zwei Stockwerke. Die Wände des Erdgeschosses lassen sich aufklappen wie Zeltvordächer und enthüllen einen schlichten, stilvollen Innenraum. Der Bau gestaltete sich schwierig und erforderte eine besonders umfangreiche Planung, da alle Materialien aus großer Entfernung herangeschafft werden mussten. Da sich kein Bauunternehmen fand, das die Arbeit direkt vor Ort ausführen wollte, wurde der Neun-Quadratmeter-Turm vorgefertigt und andernorts zur Probe aufgestellt, bevor ihn der Besitzer an seinem Bestimmungsort in der Wildnis aufstellte.

Diese karge Landschaft ist kein freundlicher Ort und verlangt jedem, der hier leben will, viel ab. Kalte Winter und heiße Sommer machen hier nur Subsistenzwirtschaft möglich. Der Besitzer aber sieht die Umgebung als einmalige Chance, »sich zum Kern des Lebens zurückzuschleichen«.

Stil

Die Materialien sind offen sichtbar und wurden weder gestrichen noch verkleidet, sondern sind dem natürlichen Verwitterungsprozess ausgesetzt. Die Außenhülle besteht aus Kupferwellblech, das Tragwerk aus recyceltem Eisenrindenholz, einer Eukalyptusart, die als besonders feuerbeständig gilt. Im unteren Stockwerk lassen sich die Wellblechwände auf drei Seiten mittels Flaschenzügen und Zeltleinen aufklappen, wodurch ein gigantischer Baldachin entsteht, der an ein Zeltvordach erinnert. Wenn niemand zu Hause ist, sind sie heruntergeklappt, sodass das Gebäude unzugänglich wirkt und möglichen Buschfeuern besser widersteht.

Im Wohnbereich gibt es eine spartanische Koch- und Waschgelegenheit, die über eine Wasserleitung mit Hochreservoir und Außentank verbunden ist. Die Spüle kann herausgenommen und durch einen Kocher ersetzt werden, der mit Gasflaschen betrieben wird. Das schlichte Kochgeschirr aus Stahl in kräftigem Rot und Schwarz passt zum visuellen und praktischen Konzept der Campingatmosphäre, und auch die schlichten eckigen Möbel sind tiefer gelegt und erinnern dadurch an Feldbetten.

Als netzunabhängige Konstruktion muss das Gebäude hinsichtlich der Energieversorgung autark sein. Beheizt wird es mit einem Holzofen, beleuchtet mit Öllampen, und vom Dach wird Regenwasser gesammelt. Die Toilette nahe der Hütte ist ein reiner Naturkomposter. Der Schlafbereich oben wird lediglich durch Steigwärme beheizt.

Die Hütte in West Virginia

Ein Campingausflug in West Virginia gab den Anstoß zum Bau dieser Wochenendhütte fernab der Stadt. Das hundert Hektar große Berggrundstück mit einem einsamen Farmhaus, in dem es spuken soll, gehörte einem Nachbarn des Architekten Jeff Broadhurst aus Washington, D.C. Jeff war so begeistert von der wilden Schönheit des abgeschiedenen Grundstücks, dass er zu seinem Nachbarn meinte: »Wenn du mal ein Stück Land verkaufen willst ...« Und damit war der Grundstein für die Hüttenidee gelegt.

Jedoch dauerte es noch einige Jahre, bis Jeffs Traum wahr wurde und er sich mit seiner Frau eine Parzelle auf einer idyllischen Wiese aussuchen durfte, 120 Meter unter dem Gipfel des South Fork Mountain, mit beeindruckendem Blick über das Tal.

Kaum waren Jeff und seine Frau stolze Besitzer von neun Hektar Land mit 40 grasenden Rehen und Hirschen, machte Jeff sich daran, die Hütte zu entwerfen. Sie sollte nicht zu viel kosten und so konstruiert sein, dass die Familie sie an einigen Wochenenden selbst bauen konnte. Ausgehend von einer schnellen Skizze auf einer Serviette nahm alles allmählich Gestalt an, und 2002 konnte der Bau unter kräftiger Mithilfe von Freunden beginnen. Da die Winter in dieser Gegend bitterkalt sind, konnten die Bauarbeiten nur von Frühling bis Herbst durchgeführt werden, und es vergingen volle vier Jahre, bis die Hütte endlich fertiggestellt war. Denn mit dem Bau allein war es nicht getan. Schließlich musste die Hütte nicht nur komfortabel und gemütlich sein und Platz für vier Personen bieten, sondern auch unabhängig von jedweder Netzversorgung funktionieren. Außerdem musste sie leicht erhöht stehen, damit es sich Schlangen und Mäuse nicht darin gemütlich machten. Sie musste den Minusgraden im Winter standhalten und so robust gebaut sein, dass die großen Schwarzbären der Gegend sich keinen Zutritt verschaffen konnten. Schließlich wollte Jeff auch noch, dass sie sich harmonisch in die Landschaft einfügt und die beeindruckende Lage voll zur Geltung kommt. Glücklicherweise erfüllt das Resultat all diese Anforderungen.

Stil

Diese charmante Hütte überzeugt durch schlichtes Design und wohldurchdachte Lösungen für die spezifischen Anforderungen der Umgebung. Sie ermöglicht komfortables Landleben in abgeschiedener Natur. Die Hütte ist zwar klein, wirkt durch das vollverglaste Garagenfalttor aber viel größer. Im Sommer kann man das Tor hochfahren und den Wohnraum zur Terrasse hin vollständig öffnen, eine wirklich geniale Idee. Ein schlichter, abnehmbarer Baldachin aus Segeltuch, den ein Segelmacher entworfen und angefertigt hat, erweitert die Wohnfläche nach draußen und bietet Schutz vor heißer Sommersonne und vor Regen. Jeff hält dies für eine seiner besten Ideen.

Das Berghäuschen besteht komplett aus Holz. Für den Boden wurden druckbehandelte Piniendielen verwendet, für die Wände gefräste Pinienbretter, die innen und außen weiß gestrichen wurden. Da es keinen Strom gibt, sorgt ein schlichter Holzofen für Wärme und heißes Wasser. Ein zweiter Ofen kam noch hinzu, sodass die Familie in der Hütte Pizza und Brownies backen kann. Die kleine »Küche« ist mit einer handbetriebenen Bilgenpumpe und einem Eiskühler ausgestattet. Als Lichtquelle dienen Öllampen. Draußen wurde eine Dusche mit Hochreservoir errichtet. Als Boiler dient eine 40 Liter fassende Milchkanne aus Stahl, die mittels Propangas beheizt wird.

Diese Hütte, die Jeff und seine Familie mit eigenen Händen gebaut haben, strahlt eine schlichte, Eleganz aus. Ihr Design fängt den Pioniergeist der frühen amerikanischen Siedler ein. Das macht sie zu einem perfekten Refugium für erholsame Wochenenden. In Jeffs Worten ist die Hütte »der logische Schritt zwischen einem Campingzelt und einem noch zu verwirklichenden Wochenend-Cottage«.

Nützliche Adressen

alana ecology
Nistkästen für Vögel und Fledermäuse
www.alanaecology.com

barbara barry
Innenausstattung, elegante Möbel, Stoffe und Accessoires
www.barbarabarry.com

betty & bea's beach hut
Strandhütte im Retrostil zum Mieten für Foto- und Filmaufnahmen
www.bettyandbeas.com

blackdown greenroofs
Leichtgewichtige Pflanzsysteme für Gründacher, auch Begrünung mit Fetthenne
www.blackdown.co.uk/green-roofs/

bolina
Laden für Lifestyle, Inneneinrichtung, Dekoration und Accessoires in Oslo
www.bolina.no

brick house farm
Kleine Veranstaltungsstätte für Hochzeiten im alten Stil mit Lizenz für standesamtliche Trauungen
www.brickhousefarm.com

the bucket tree
Vintage-Haushaltswaren und Accessoires
www.thebuckettree.com

the container store
Kisten, Stauraum und Ordnungssysteme
www.thecontainerstore.com

design within reach
Zeitgenössische Möbel
www.dwr.com

ecos organic paints
Auswahl an biologischen, lösungsmittelfreien Farben und Lacken
www.ecospaints.com

efficient light
Warme weiße LED-Leuchten
www.efficientlight.co.uk

hastings & bexhill wood recycling products
Möbel aus Recyclingholz
www.recyclingwood.org.uk

hemp-limeconstruct
Nachhaltigkeit in Design, Bau und Renovierung, spezialisiert auf Hanfbeton
www.hemp-limeconstruct.co.uk

homestead timber buildings
Anbieter von Gartenräumen, Büros und Extraräumen
www.homesteadtimberbuildings.co.uk

lime technology ltd
Anbieter von nachhaltigen auf Kalk basierenden Baustoffen mit geringem CO_2-Ausstoß
www.limetechnology.co.uk

longpré furniture ltd
Schön gearbeitete zeitgemäße, traditionelle und maßgefertigte Möbel
www.longprefurniture.co.uk

morris & co
Fliesen, Textilien usw. von William Morris
www.william-morris.co.uk

nelly duff gallery
Kunst und Ausstellungsstücke von Jessica Albarn
www.nellyduff.com

pierre frey
Französische Polsterstoffe, Tapeten, Teppiche, Haushaltswaren und Accessoires
www.pierrefrey.com

secondhand rose
Tausende originaler Vintage-Tapeten und Linoleum-Muster
230 5th Avenue suite 510, New York, NY 10001
www.secondhandrose.com

the shack company
Stilvolle Eichenholz-Hütten als Büro, Atelier, Extrazimmer und Ort zum Entspannen
www.theshackcompany.com

shoreline furniture
Möbel aus sturmbeschädigtem Holz und Treibholz
www.shorelinefurniture.co.uk

sophia & matt
Handtaschen und Accessoires
www.sophiaandmatt.co.uk

tinsmiths
Retro-, Vintage- und folkloristische Stoffe plus Vintage-Beleuchtung und Accessoires.
www.shop.tinsmiths.co.uk

three potato four
Inspirierende, kuratierte Sammlung von Vintage- und modernen Schätzen für Ihr zu Hause
www.threepotatofourshop.com

willows sawmills
Holzhandel, Sägewerk und Fräsarbeit
Millwood Lane, Uckfield, East Sussex TN22 3AS
Tel: +44 (0) 1825 763509

Designer und Architekten

broadhurst architects inc. (Die Hütte in West Virginia)
Jeffrey Broadhurst, AIA
306 First Street, Rockville, MD 20851
www.broadhurstarchitects.com
www.thecrib.info

casey brown architecture
Level 1, 63 William Street
East Sydney NSW 2010, Australien
www.caseybrown.com.au

cleve west landscape design
Navigator House, 60 High Street
Hampton Wick, Surrey KT1 4DB
www.clevewest.com

office sian architecture + design (Die Stadtoase in Hackney)
Tel: +44 (0) 7974 978 638
Twitter: @OfficeSianArch

jamie macpherson (Bibliotheks-Container)
Studio Reed Design and Architecture
151A Sydney Street, London SW3 6NT
Tel: +44 (0) 207565 0066
Email: jamie@studioreed.com

piet hein eek (Die moderne Blockhütte: Hans Liberg)
www.pietheineek.nl/en

widjedal racki bergerhoff (Schwedisches Strandhaus)
Artillerigatan 28
SE - 114 51 Stockholm, Schweden

Hütten-Websites und Blogs

www.readersheds.co.uk
www.shedblog.co.uk
www.shedworking.co.uk

Abbildungsnachweis

Wir möchten allen Haus-, Hütten- und Schuppenbesitzern dafür danken, dass sie uns erlaubt haben, ihre »hippen Hütten« zu fotografieren.

Umschlagvorderseite Tina Hillier
Vor- und Nachsatz von Louise Begby, fotografiert von Richard Maxted (Agents Greenhouse (NYC) - 212 704 4300)

Alle anderen Fotos von Tina Hillier soweit nicht anders angegeben. www.tinahillier.com

Künstler

Seiten 12–15 Bunker-Malwerkstatt, Ian Lettice, Putney, London, ianlettice.com
Seiten 16–19 Glaswerkstatt im Grünen, Wendy Newhofer, Oxford, www.wendynewhofer.com
Seiten 20–23 Künstlergartenhaus auf Lebenszeit, Ted Dewan, Oxford, ted.dewan@wormworks.com
Seiten 24–27 Insekten-Gartenatelier, Jessica Albarn, London, www.jessicaalbarn.co.uk
Seiten 28–31 Kalifornische Künstlerwerkstatt, Ann Field, Kalifornien, www.annfield.com (Photography Art Gray Architectural Photographer http://web.mac.com/artmgray/Art_Gray_Photography/Welcome.html)
Seiten 32–35 Barbara Hepworths Bildhauerwerkstatt, Tate St Ives, Barbara Hepworth Museum and Skulpture Garden, St Ives, Cornwall und Bowness Hepworth Estate, www.tate.org.uk
Seiten 36–41 Atelier über dem Meer, Richard Texier, La Rochelle, Frankreich, www.richardtexier.com

Musiker

Seiten 44–45 Textil-Bühnenschuppen, West Midlands, Elena Thomas, www.elenathomas.co.uk und Dan Whitehouse, www.dan-whitehouse.com
Seiten 46–47 Moderne Blockhütte, Hans Liberg, Niederlande, www.hansliberg.com (Fotografien von Thomas Mayer, www.thomasmayerarchive.com)
Seiten 48–51 Songs aus dem Schuppen, Jon Earl, Somerset, www.songsfromtheshed.com

Refugien

Seiten 54–55 Bens Hobby-Schreinerei, Ben Bailey, Whitstable, Kent, www.bubble-designs.co.uk
Seiten 56–59 Baumhäuser, Peter Bahouth und Nicolai Hobbs (Fotografien von Lindsay Appel www.lindsayappel.com)
Seiten 60–63 Fischerhütte mit edlem Flair, Rob Cowan, Brick House Farm, Kent, www.brickhousefarm.com
Seiten 64–67 Autarkes Leben in alten Wohnwagen, Big Sur, Kalifornien, http://big-Sur-cabin-rental.com (Photography Jay Carroll, www.onetrippass.com)
Seiten 68–69 Le Petit Cabanon, Le Corbusier's Cabanon bei Roquebrune Cap-St. Martin, Frankreich, © FLC/ ADAGP, Paris und DACS, London 2011, www.fondationlecorbusier.fr. Dank an: Madame Coulet; L'office du Tourisme de Roquebrune-Cap-Martin
Seiten 70–73 Bibliotheks-Container, Niall Hobhouse und Paul Rawson, Hadspen House, Somerset
Seiten 74–77 Steuerhäuschen an der Themse, Julie Newman, Trinity Buoy Wharf, London
Seiten 78–83 Skihütte in Norwegen, Hanne und Per, Norwegen, www.bolina.no

Gärtner

Seiten 86–89 Wilde Schrebergartenhäuser, Cleve West Landscape Design, Hampton Wick, Surrey, www.clevewest.com
Seiten 90–93 Gewächshaus in Minnesota, Robyn Roslak und Patrick Contardo, Duluth, Minneapolis. Dank an: Souliyahn Keobounpheng of Silver-cocoon, www.silvercocoon.com (Fotografien von Tia Salmela Keobounpheng & Souliyahn Keobounpheng, Assoc. AIA)
Seiten 94–97 William Morris' Gartenschuppen, Red House, Bexleyheath, Kent, www.nationaltrust.org.uk

Schriftsteller

Seiten 100–103 Dylan Thomas'Schreibwerkstatt, Dylan Thomas Boathouse, Laugharne, Wales, www.dylanthomasboathouse.com Dank an: Jon Tregenna, Dylan Thomas Boathouse; Jeff Towns, Dylans Book Store, www.dylans.com; Jo Furber, Dylan Thomas Centre, www.dylanthomas.com; und Maggie Richards samt Team, Carmarthenshire Centre for Crafts, www.carmarthenshirecentrefor crafts.co.uk
Seiten 104–107 George Bernard Shaws Schreibhütte, Shaw's Corner, Ayot St Lawrence, Hertfordshire AL6 9BX, www.nationaltrust.org.uk
Seiten 108–111 Virginia Woolfs Schreibhäuschen, Monk's House, Rodmell, Lewes, East Sussex BN7 3HF, www.nationaltrust.org.uk

Arbeitsräume

Seiten 114–117 Container-Stadt, Sophia und Matt, London, www.sophiaandmatt.co.uk und facebook.com/sophiaandmatt. Dank an: Sarah Hewson vom Urban Space Management Ltd, London E14
Seiten 118–123 Trödelliebhaber, Artemis und Nao, www.junkaholique.com und www.rustjewellery.com
Seiten 124–125 Stadtoase in Hackney, Gurmeet Sian, London, www.officesian.com
Seiten 126–129 Architektenhütte in Mottistone, Mottistone Manor Garden, Mottistone, Isle of Wight PO30 4EA, www.nationaltrust.org.uk
Seiten 130–131 Village Underground. Dank an: Auro Foxcroft, Village Underground, 54 Holywell Lane, Shoreditch, London EC2A 3PQ, www.villageunderground.co.uk/home
Seiten 132–133 Schusterwerkstatt, Alexei Gaylard, Cholesburys hand made in England, www.cholesburys.co.uk

Auszeit

Seiten 136–139 Strandhäuschen in Kent, Nina Tolstrup, Kent, Studiomama, www. studiomama.com
Seiten 140–143 Strandhütte in Frinton, Johanna und Christopher Lowery, Frinton, Essex, www.bettyandbeas.com
Seiten 144–147 Strandhaus in Schweden, Åsa Pontén, Per Holmberg und ihre Kinder Vilma, My und Martin, Bird Island, Schweden
Seiten 148–149 Strandchalet in Cornwall, Angie Prela, Hayle, Cornwall, www.chycor.co.uk/holidays/riviere-towans/
Seiten 150–151 Turmcamp in Mudgee, New South Wales, Australien, Robert Brown, Designarchitekt und Hernan Alvarez, Projektarchitekt (Photography Penny Clay, www.pennyclay.com/penny_clay.htm
Seiten 152–155 Hütte in West Virginia, www.broadhurstarchitects.com und www.thecrib.info (Fotografie Kate Broadhurst und Anice Hoachlander)

Dank

Ich möchte den vielen Haus-, Hütten- und Schuppenbesitzern, die sich an diesem Buch beteiligt haben, danken dafür, mir ihre Zeit gewidmet und mir erlaubt zu haben, ihre Kreativität zu erforschen.

Dank an Tina Hillier, deren Bilder zeigen, dass sie eine wahrhaft talentierte junge Fotografin ist, die stets ein Auge für das hat, was sich einzufangen lohnt.

Dank auch an die Institutionen National Trust; Tate St. Ives; Barbara Hepworth Museum and Sculpture Garden and Bowness, Hepworth Estate; Fondation Le Corbusier, ADAGP, Paris und DACS London für ihre unschätzbare Hilfe und Kooperation.

Dank geht an Fiona Holman, Cheflektorin bei Pavilion Books, für ihre kontinuierliche Unterstützung und Hilfe und an die Gestalterin Georgina Hewitt.

Schließlich danke ich meinem Mann, Robert Lewis, der mich immer unterstützt hat sowie meinem Team, Emily Lutyens, Nicola Barnes und Heather Thomas, für ihre Hilfe, Begeisterung und Ermutigung, die nie nachlässt.

mycool.com mycool.com mycool.com

Jane Field-Lewis
Die Autorin arbeitet in London in den Bereichen Film und Fotografie. Mit ihrer My-Cool-Reihe inspiriert sie zu einem authentischeren retro-dekorativen Wohnstil der Individualität und Einfachheit.

Ergänzender Bildnachweis: Seite 1 Atelier über dem Meer; Seiten 2–3 Hütte in West Virginia; Seite 4 Kalifornische Künstlerwerkstatt; Seite 6 Textil-Bühnenschuppen; Seite 9 Baumhäuser; Seiten 10–11 Atelier über dem Meer; Seiten 42–43 Songs aus dem Schuppen; Seiten 52–53 Steuerhäuschen an der Themse; Seiten 84–85 William Morris' Gartenschuppen; Seiten 98–99 George Bernard Shaws Schreibhütte; Seiten 112–113 Stadtoase in Hackney; Seiten 134–135 Strandhütte in Frinton; Seite 160 Fischerhütte mit edlem Flair

Titel der Originalausgabe: *My Cool Shed*
Die englische Originalausgabe ist 2012 bei Pavilion Books, einem Imprint von Anova Books Company Ltd, London, erschienen.

Fotografien: Tina Hillier
Design: Steve Russell

4. Auflage 2013

Deutsche Erstausgabe

Ein Unternehmen der La Martinière Groupe
Lektorat und Satz: VerlagsService Dr. Helmut Neuberger & Karl Schaumann GmbH
Printed in China

ISBN 978-3-86873-500-0

www.knesebeck-verlag.de

Ebenfalls lieferbar:

Mein wunderbarer Wohnwagen ISBN 978-3-86873-322-8

Mein cooler Caravan ISBN 978-3-86873-418-8